民事裁判入門

裁判官は何を見ているのか

瀬木比呂志

講談社現代新書
2530

プロローグ――あなたの法的リテラシーを高めるために

本書の趣旨と「法的リテラシー」の重要性

この本は、現代日本における民事訴訟実務の実際とそれを支える法的制度のエッセンス、また、広い意味での法的戦術の核心部分を、法学を学んだことのない一般読者にも理解できるように、できる限りわかりやすく、かつ正確、的確に解説する書物である。

また、本書は、広い意味での法律関係職種の人々、あるいはビジネスパースンまでをも含めた広範囲の読者の「法的リテラシー」を高めることを、もう一つの目的としている。

前者の趣旨は明らかだが、後者については説明が必要だろう。

そこで、まず、法的リテラシーとはどういうものかを理解していただくために、一つの事例を挙げてみよう。

この事例が表しているのは、いわば、「人々の法意識と裁判・法学との間の『ずれ・溝』とその認識」という問題だ。

事例1

X社の社長Aは、社員Yを懲戒解雇した。使い込みが理由だ。そして、X（代表者A）は、Yの横領に基づき、民事保全の一種である仮差押えの申立てをした。仮差押えとは、本裁判前にYの財産の仮の法的拘束を求める申立てである。

Aは、受付係の裁判所書記官（以下、単に「書記官」という）に相談した上で、何日もかけて、報告書（陳述書）を書き、提出した。そこには、①Yが会計課勤務の職員であり、金銭の出納を担当していて金庫の開閉を行いうる立場にあったこと、②過去一年間の帳簿類を検討した結果、計算上数百万円の不足が発生していると考えられるにもかかわらず、Yは、Aの質問に対して何ら明確な説明を行おうとせず、解雇に対しても特に異議は述べなかったこと、③調査してもY以外に疑わしい社員はいなかったこと、が記されていた。

しかし、その後の審尋（面接）の席で、担当裁判官Bは、Aにこう告げた。

「あなたの疎明（「証明」のより簡易なもの）は、横領の事実自体についてはともかく、Yが横領行為を行ったとの点、つまり、Yと横領行為の結び付きの点において、決定的に不足していますね」

「そんな……。それでは、裁判官は、Y以外に横領の犯人がいるとお考えなのでしょうか？　常識からすれば、Y以外にありえないじゃないですか？　刑事裁判については、私も、教養課程の法学の授業で『疑わしきは罰せず』の原則を学びましたからまだわかります。が、本件は、民事で、しかもとりあえずの保全ですよ。今預金をおさえていただかなければ、Yは、明日にもどこかへ逃げてしまうではないですか？」

Aは、そう訴え、懇請した。しかし、裁判官Bは、考え方を変えてくれなかった。

「法律家の考え方は理不尽だ。常識に反している。そのために、悪事を行った者に味方する結果を招いている」Aは、そんな印象を抱いた。

これは、実は、裁判官だけの問題ではない。裁判官BをX社の顧問弁護士Bに置き換えても同じことなのである。法律家Bが常識人Aを説得する論理を展開できるか、Aの立場に一度は立ってみた上でAを説得して法律家の考え方を理解させることができるか、そして、Aのほうにも、それに耳を傾けるだけの忍耐力や柔軟性があるのか、が問題になっているのだ。

ごく普通の日本人は、Yが「やっている」ことはまず間違いないのだから、裁判官、弁護士はその点をよくみるべきではないか、と考えやすいだろう。

確かに、横領があったとすれば、それを行ったのはYである可能性が高い。しかし、民事保全手続も一種の裁判手続なのだから、手続的な正義が要求される。また、本案訴訟（本裁判）でおよそ勝ち目のないような者にY（仮差押債務者。本裁判では被告）の財産の拘束を許すことは、相当ではない。しかも、本件では、民事とはいえ、立証の対象は、横領という犯罪行為である。したがって、もう少し高い程度の立証が必要なのである。憶測で裁判をすることはできない。

それでは、X（代表者A）としては、ほかにどのような立証を行うべきだろうか？

たとえば、①金庫の鍵はいくつあり、誰がどこに保管していてどのようなアクセスが可能だったのか、また、そのことを知っていた、知りえたのは誰か、といった事柄について調査した上で客観的かつ正確な報告書を書く、②会計に関する専門家の援助を得て、横領のなされた具体的な日時、金額、手段等について、たとえ金額の一部についてであっても確実な疎明（ことにYの横領関与を示す会計帳票書類。もしもYが横領を行ったのなら、それらのどこかに、「Yのかかわった入出金の食い違い」を示す部分があるはずだ）を用意する、といったことができれば、少なくとも、Xの主張する金額のうち合理性のある部分について仮差押えが認められる可能性は高いだろう。

このように、一見単純にみえる事案でも、争いのありうるものについては、弁護士の手を借りないと、調査や申立てを迅速に行うことは、かなり難しいものなのである。

また、そうした事案では、先の「人々の法意識と裁判・法学との間の『ずれ・溝』とその認識」という問題、「実際には『ずれ・溝』が存在するにもかかわらず、専門家も普通の市民もそれを認識できていない」という問題があらわになりやすい。

「人々の法意識と裁判・法学との間の『ずれ・溝』」とは、より具体的にいえば、「日本人の普通の常識と近代法的な考え方との間のずれ」ということだ。このずれは、欧米にももちろんあるが、日本ではそれがより大きい。

先の事例との関連でいえば、たとえば、社長Aと裁判官Bの認識のずれの根本には、「推定無罪の原則」の理解という問題がある。

普通の日本人の感覚では、Aのいうとおり、「やったのはYに決まっているのだから仮差押えくらい簡単に認めてくれて当然」ということかもしれない。

しかし、数多くの冤罪《えんざい》の積み重ねに対する反省から、近代法は、「疑わしいというだけでは罰されない。有罪とするためには、検察官による、合理的な疑いを容れない（合理的な疑いをさしはさまれないレヴェルの）立証が必要」としている。民事では、ことに保全では、その立証の程度はより低くて足りるものの、やはり、「客観的な証拠からみてY以外による犯行はかなりありにくいと一応はいえるな」という程度のことを裁判官に納得させる立証はあってしかるべきというのが、現代日本法の考え方だということなのだ。

同じような問題は、元裁判官、現学者・著者である僕自身が友人知人から法律相談を受けた際にも、よく感じた。日本人は、たとえいわゆる知識人（「広い視野をもってみずからの知識を使いこなせる〔べきである〕人々」というほどの意味）や知的職業従事者であっても、「常識的にみて保護されるべき立場にある者、弱い者は常に保護されて当然」という考え方、感覚で法的紛争に臨んでいる場合が多い。

だから、たとえば、「別れた配偶者（夫・妻。子どもを連れていることもある）が、他方の配偶者やその親の土地・家を基本的には無償で借りて住んでいる場合には、別れたからといって簡単に追い出されることはないはずだ。それは理不尽、不正義であり、だから、裁判所は弱い者を保護してくれるはずだ」といった前提の下に相談をしてこられるのが普通だ（これまで、そうでない例は一つもなかった）。

しかし、不動産等の無償の貸借（使用貸借）は両者間の人的関係に基づく貸主の好意に根拠を置く契約なので、両者間の人的関係（婚姻等）が解消すれば、その継続が長期間にわたって保証されることは、かなり難しいものなのである（なお、こうした説明では、複雑な法律問題を非常に単純化してその「概略」を説いていることに注意してほしい。以下同様である）。

いいかえれば、「法」は、さまざまなヴァリエーションの問題について一定の法的枠組みをもって公平、平等に対処し規整するものなので、その意味では基本的には「非情」な部分（普通の日本人にとっては「非情」と感じられるような部分）をもっている、ということだ。これは、近代法国家ならどの国でも同じことである。

もちろん、法は広い意味での正義や信義にかなうものであることも必要だ。だから、結論が不当なものにならないようにさまざまな調整の理屈があり、実際、そうした調整も行われている。しかし、近代法に基づく裁判が「日本的大岡裁き」とは明確に異なるのは、厳然たる事実なのである。

本書の書き方の特色

本書の「プロローグ」、「エピローグ」、「拙著等ブックガイド」を除く一四章のうち上訴に関する章とまとめの章（最後の二章）以外の一二章は、民事訴訟の第一審の進行に沿って書かれている。本書が念頭に置いているのは主として地方裁判所の民事訴訟実務だが、簡易裁判所のそれも、基本的には地裁と大きく変わらない。控訴、上告については、第一審と比べて新しい部分はそれほどないので、第13章で簡潔にふれる。

書物の主タイトルは、一般読者にとっての親しみやすさ（なじんでいる言葉）という観点から、専門書的な『民事訴訟入門』ではなく、『民事裁判入門』としたが、文中では、訴訟の全体を指す場合には「民事訴訟」の用語を用いている。

もっとも、ただの入門書では読者にとっても（また、著者にとっても）意味が乏しいので、本書の執筆に当たっては、いくつかの工夫をし、以下のような特色を打ち出している。こうした特色は、先の「本書の趣旨」とも関連している。

①僕の、裁判官としての三三年間の経験、学者（研究者。最初は兼業、今は本業）としてのそれに準じる期間の経験に基づき、また、民事訴訟法諸分野研究と併せての法社会学的研究の成果に基づき、民事訴訟実務を、実務と理論の両面から、さらに、必要に応じて法社会学的な考察をもまじえながら、解説する。

②全体として、裁判官が、事案をどのように見詰め、またどのように判断してゆくのかの経過がリアルに理解できるように論じてゆく。これは、弁護士が事案をどのようにみながら主張立証を行ってゆくべきかとも、密接に関連している。

③記述を興味深くわかりやすいものにするために、なるべく多くの具体的な事例や実例を挙げながら説明を行う。教科書的な記述の単調さを避け、同時に読者の理解を深めるためである。

④これはどの国でも同じことだが、前記のとおり、当事者本人（原告・被告）、また、一般市民と法律家のものの見方の間には「ずれ・溝」がある（専門家と素人の考え方、感覚の違い）。ことに、日本の場合には、欧米型近代法と明治時代よりも前の時代の伝統的

な日本の法制度・法意識との間には大きな齟齬《そご》、食い違いがあったことから、この「ずれ・溝」は、実は、一般的に意識されている以上に大きい。

これは、それ自体一つの本のテーマとなりうる重要な事柄だが、本書の記述でも、折にふれて、この「ずれ」の問題について解説してゆきたい。

⑤各章の長さからおわかりのとおり、記述の密度は、章によってかなり異なる。一般的にいえば、その部分の内容が一般読者にとっても有用かつ興味のもてるものである場合には記述は厚くしてあり、より専門家志向の内容になる場合には、前者に比べればより簡潔にしてある。もっとも、書物の後半では、前半と比較すれば、専門的な記述がやや多くなっている。

読者にとっての本書のメリット

次に、すでに少しふれた部分もあるが、読者にとっての本書のメリットを挙げておこう。この本を読むことによって何が得られるか、また、あなたが民事訴訟や法的紛争を経験することになった場合、そして、日々報道される民事訴訟、ひいては日本や世界で起こっているさまざまな法的紛争を理解する場合に、この本がどのように役立つかということである（なお、本書では、以下、特に重要な箇条書き部分については「ゴシック体」で示す)。

① **民事訴訟とその手続全般に関する一般的・具体的な理解が得られる。**

実をいうと、比較的観念的な理論（欧米大陸型観念論哲学にその一つのみなもとがある）の理解を中核とする日本の法学を一通り学んだ学生でも、さらには、場合によっては法学者、いや、民事訴訟法学者でさえも、民事訴訟の実際をよく知らない、それについての知識や感覚を十分にもっていない、といったことが、日本ではよくある。その意味では、本書は、法学を学ぶ学生や法律家にも向けられたものである。

② **裁判官や弁護士の行っていることについての理解が得られる。**

これは、特に、あなたがみずから民事訴訟にかかわる際に問題になる事柄である。こうした事柄が理解できていないと、自分で訴訟を進める場合（「本人訴訟」といわれる）はもちろん、弁護士に委任する場合（弁護士を選任する、弁護士を頼む場合）でも、弁護士がその時々で何をやっているかがよくわからないから、その説明を聴いても十分に理解できないし、和解や人証《じんしょう》調べ（当事者本人の供述や証人の証言を聴く証拠調べ）で裁判所に出向くことがあっても、自分がどういう資格でそこに出席しており何をすべきなのか、また自分の発言がどういう意味をもつのかが十分に理解できない、ということになる。

実際、こうした事柄について理解しないまま限られた側面で訴訟にかかわったために、裁判官や弁護士に対して不信を抱き、ひいては訴訟のあり方やその結果についても不満を抱くに至る人々は、非常に多いのである。

また、こうした知識は、あなたが、弁護士と相談をし、委任するかどうかを決め、さらに訴訟の途中でその話を聴いて訴訟の進行方向や和解案の当否について決断する際にも、大いに役立つはずである。ここでもまた、多くの人々が、知識不足のまま こうした事柄を行い、後になって不満を抱く、後悔するという事態が起こっているからだ。

本書から得られる知識は、以上のような場合に、あなたの助け、基本的な指針となるはずだ。

日本の民事訴訟や関連の各種手続の件数は、欧米先進諸国の多くに比べれば人口比では少ない。とはいえ、簡裁の各種手続まで含めれば相当の数があり、また、実際に訴訟になるか否かはおくとしても、ごく普通の市民が法的紛争に巻き込まれる、関係する機会そのものは、社会の高度化に伴い、増えてきている。

一例を挙げれば、何気なく行ったインターネットの書き込み一つで民事訴訟を提起されたり、刑事関連手続に巻き込まれたりといったことが起こりうるのが、今の社会だ。また、中小の企業でも海外取引を行えば渉外紛争に巻き込まれることは十分ありうるし、国際結婚・離婚、ことに後者にも、難しい法律問題がつきまとうことは多い。

こうした時代に、民事紛争・私的な紛争解決のための最終手段である民事訴訟について知っておく、理解を深めておくことには、大きな意味があるはずだ。

③ 法的・制度的リテラシーの向上を図ることができる。

この点についてはすでに多少ふれたが、ここではさらに敷衍《ふえん》して説明しておきたい。

僕は、長年法学（民事訴訟法学、法社会学）を実践・研究し、判事補時代と大学に移ってからの二度、アメリカで各一年間の在外研究を行い、また、二五年以上にわたって、体系書・教科書を含む専門書や広い分野の一般書を書いてきた。その過程で、日本社会のさまざまな分野の人々と会う機会も多かったし、外国人とも相当に接触してきている。

その結果としての日本社会に対する僕の見方は、おおむね以下のようなものだ。僕の執筆活動全体の問題意識とも関係するので、正確に記してみたい（詳細については、『裁判官・学者の哲学と意見』〔現代書館。以下、『哲学と意見』と略〕に一定のことを書いたほか、今後執筆予定の書物でも明らかにしてゆきたい。なお、僕の書物のうち本書と何らかの意味で関連する内容のものについては、巻末の「拙著等ブックガイド」に掲げているので、参考にしていただきたい）。

「日本社会は、いわば、『高度に組織され、よく洗練された、巨大なムラ社会』である。その法・制度・社会は、ちょっとみたところでは欧米先進諸国のそれとほとんど変わらないようにみえる。しかし、法社会学的な実態をよくみると、そこには、きわめて特殊日本的な変形や古い制度との実質的折衷がみられることが多い。

『高度に組織され、よく洗練された、巨大なムラ社会』には、安全、平和、規律、調和等のメリットがあり、安心して暮らせるという側面もある。しかし、反面、(i)集団中心主義、(ii)抑圧的文化、(iii)大きな物事に対する対処のまずさ(戦争、バブル経済、赤字国債、原発等々)、(iv)人々の自発性がなかなか育たず個人の生き方や社会のあり方の新しい方向が定められない、(v)先のように集団中心の生き方や働き方をするために民主主義社会の基盤であるはずの個人の内的生活や自分と家族のための自由な時間が十分に確保できない、個人の内面的価値意識も尊重されにくい、(vi)表に出ないハラスメントが多い、(vii)経済的なものをはじめとするハンディキャップを負った人々をケアする制度が未発達、未熟である、などの大きな問題、また、息苦しく過酷な側面もある。

これらは、いわば、同一のコインの表と裏なのだ。

もっとも、海外の制度を採り入れる際に先のような変形や折衷が行われることそれ自体は、日本だけの現象ではない。ただ、日本の場合に問題なのは、このことと『タテマエと本音の精妙な二重基準(ダブルスタンダード)』という日本文化に顕著な特質とがからみ合う結果、『外見は欧米・世界標準(場合によりむしろ先進的)だが、その内実は大きく異なる』

という制度ができてしまいやすいことだ。その典型の一つが裁判所であり、行政や立法、メディアやジャーナリズム、あるいは大学等についても、そうした傾向はある」

僕が、『絶望の裁判所』、『ニッポンの裁判』という二冊の新書、これらと対になる創作である『黒い巨塔　最高裁判所』〔各、講談社〕（以下、『絶望』、『ニッポン』、『黒い巨塔』と略）、また、以上の入門とも展開・補足ともなっている清水潔氏との対談『裁判所の正体──法服を着た役人たち』〔新潮社〕で行った一連の日本司法の分析批判も、ある意味では、右のような日本社会の問題点の一端を司法を例にとりつつ明らかにしたものといえる。

さて、先にまとめたことを国民という観点からみるなら、日本人は、一般的・平均的な教育水準やマナー、モラルは高く、ことに、美的センス、職人的テクノロジー、自然科学等においてはすぐれている反面、法的・制度的（また政治的）リテラシー、すなわち近代法の理解や近代的な制度の作り方に関する理解・技術は、たとえば少なくとも中欧・北欧の先進諸国に比べれば低いし、そうした事柄に対する基本的な知識・感覚も限られている、そういうことになるだろう（先に論じたような、「人々の法意識と裁判・法学との間の『ずれ・溝』」という問題をいいかえると、そういうことになる）。

そして、近代以降の国家・社会が法的・制度的な仕組みを基本として組み立てられていること（日本人の多くはこのこと自体をあまりよく認識していないのだが）を考えるなら、「法的・制度的リテラシーの相対的な低さという問題」は、日本人・日本社会が今後克服すべきいくつかの主要な課題のうちの一つであることに、間違いはないと思われる。

本書は、民事訴訟に関する入門書ではあるが、先に挙げたような書物や今後僕が執筆するだろう広い意味での法や社会に関する一般書・専門書同様、この「法的・制度的リテラシー」の向上ということをも念頭に置きながら書かれている。

日本人にとって、訴訟は「何だかよくわからない、あまり関係したくないもの」であるのが普通であり、また、その経験後も、「不可解な部分の多かった、いずれかといえば不快な体験」として記憶されることが多い。そのことについては、もちろん、日本の司法、ことに裁判官や弁護士の問題があるが、同時に、人々が主体的に訴訟に向き合いこれと関係することができていない、という問題も確かに存在する。

本書は、後者の問題の解消のために、一定程度役立つはずである。

④ 訴訟のための基礎的知識・感覚が得られ、高度な訴訟戦術の理解も可能になる。

民事訴訟の内容は千差万別であり、類型的な事案で相手方がほとんど争わないような場合には、当事者本人でも対処できることがある。また、被告側になる場合には、ことに争う余地に乏しい事案では、弁護士を委任しない例も多い。

このように本人がみずから訴訟を行う場合には、訴訟に関する具体的な知識や訴状等の各種書類の書式については、インターネット、また、そうした要請に応えるためのハウツー的な書物等で得るのが普通だろう。

しかし、そのような作業の前提として、まずは民事訴訟全体の体系的な理解が必要である。本書は、そのような「最初の基本的理解を得たい」という要請にも応えうると思う。

一方、僕の専門書群を一つの基盤にしつつ新たな考察をも加えた本書の記述の中には、かなり高度な訴訟戦術に関する部分も相当に含まれている。

もっとも、実際に訴訟にかかわる際に弁護士に委任するかあるいはみずから本人訴訟のかたちで行うかについては、慎重な考慮が必要だ。民事訴訟は、基本的にはやはり専門家がかかわるものとして設計されているから、素人が対処できる範囲には、おのずから限界もある。この点については、本文中で詳しく論じる。

⑤ コミュニケーション、プレゼンテーション、書くことなどに関する技術を学べる。

僕の基本的な考え方はプラグマティズム（アメリカ型経験論に基づく哲学的方法）である。これは、各種のイデオロギーからは距離をとりつつ、事実を重視し、広い視野からその客観的な意味づけを行い、また、異なる考え方との間に橋を架けようと試みる思想、思想的方法だ。

本書、ことにその中核部分は、そうした観点から、コミュニケーション、プレゼンテーション、書くことの実践的な技術を説くものともなっており、そうした観点からも、法律家や訴訟に興味をもつ人々のみならず、ビジネスパーソンや一般学生にも広く参考にしていただける部分があるはずだと考える。

本書の記述も、僕のほかの書物同様、「わかりやすく、明確、正確で興味深い記述」を心がけているが、記述されていることの内容は、先のとおり、一定程度高度なものを含んでいる。法律を学ぶ学生や法律実務家（以下、単に「実務家」という）・学者等にとっても意味のある内容となっているのである。

したがって、それをするか否かは読者の御自由だが、一部だけをピックアップして飛ばし読みするような読み方は理解を不正確にするおそれがあることは、お断りしておきたい。総体としての民事訴訟の、トータルな、広い視野からの有機的理解を念頭に置いた書物であるからだ。もっとも、書物後半中第10章ないし第13章（ことに第10章）のうち比較的専門的な部分については、当面訴訟にかかわってはおらずそうした事項にそれほどの興味がないという読者は、とりあえず後回しにしていただいてもかまわないと思う。

逆に、通読の後、興味のもてた章や理解が難しかった章を折にふれ読み返していただくなら、あなたの民事訴訟理解、法的リテラシーは、確実に高まるはずである。

目次

第1章　民事訴訟手続の流れ

——日本人は裁判嫌いなのか？

最初の章では、日本の民事訴訟およびその手続の特色について、アメリカのそれと比較しながら論じた後、「日本人は裁判嫌いである」という古くからある言明について考える。その後、民事訴訟手続の流れの概略について簡単な事案を使って解説し、また、民事訴訟が最終的にどのように終局している（終わっている）かについても説明する。

日本とアメリカの民事訴訟

日本法は基本的に大陸法（ヨーロッパ大陸法）を受け継いでいるから、日本の民事訴訟のかたちも、基本的にはドイツ、フランス等のそれに近い。もっとも、日本の近代型民事訴訟にも明治時代以来の相当の蓄積がある。また、日本の社会・経済組織は実際には江戸時代にも相当に洗練されており、欧米的なかたちとは異なるにせよ司法制度もそれなりに整備されていた。したがって、ヨーロッパから受け継がれた近代法も、さまざまなかたちで修正され、ことにその実際の運用においては、日本土着の法・法意識から強い影響を受けてきた。

その結果の一つが、条文だけをみた文字面《づら》と実務の実際が相当に異なっていることが多いという、日本法の際立った特徴である。

一例を挙げれば、戦後の刑事訴訟法は基本的にアメリカ系のものだが、刑事司法実務の実際は戦前のそれを受け継いでいて、自白重視、人質司法（自白が得られるまで被疑者・被告人の身柄を解放しない）、検察の起訴権独占、異常に高い有罪率とこれと表裏の潜在的な多数の冤罪等の問題を抱えている。つまり、被疑者・被告人の人権の保障というアメリカ法の制度的長所については、あまり実現されていないのである。

そして、これは比較的目立った一例にすぎず、これに類したことは、程度の差はあれほかの法分野でも多々存在する（なお、アメリカの刑事司法も、ことに近年は、実務レヴェルでさまざまな深刻な問題を抱えている〔『哲学と意見』第Ⅶ章〕が、それはまた別の問題だ）。

「二重基準（ダブルスタンダード）」はどの国の文化にもあるが、日本の場合のその特徴の一つは、社会の根幹を成す近代法体系と、人々の、多くのアジア諸国より相対的に洗練されているとはいえ基本においてはアジア的な法意識との間に、明確な「二重基準関係」があるということだろう。

たとえば、「アメリカの根本的二重基準」は、自由の国、自由の番人としてのアメリカと、ハイパー資本主義的でありかつソフトな帝国主義、また、アメリカ中心主義・アメリカニズムとの間にあると思うが、これは、日本の先のような制度化された二重基準に比べれば、ずっとわかりやすいし、アメリカ本国でも、権力のアメリカに対する追従傾向が強い日本でも、そのことに気づき始めている人々は少なくない。

ともあれ、アメリカと比較しての日本の民事訴訟手続の特色は、その基本が非常に単純、シンプルなことである。これは、日本の手続が、職業裁判官による審理・裁判を前提とし、また、証拠等についての規制がゆるく、証拠開示の手段も限られていることなどと関係がある。

これに対し、アメリカの民事訴訟は、実際には民事訴訟では今日その利用が限られているとはいえ基本的には陪審制を前提としていることから、手続的に非常に複雑になり、また、規制も細かい。「弁論（トライアル〔trial〕）」は陪審で行うことを考慮して一日あるいは短期間に集中して行われなければならず、したがって、その前の訴答（プリーディング〔pleading〕。訴状等の交換による訴訟の対象の特定）、証拠開示（ディスカヴァリー〔discovery〕。アメリカでは非常に広範であり、相手方から入手できる証拠が多い反面、費用・手間・時間もかかる）、トライアル前手続といった手続が弁論に先行することになり、訴訟の開始から「弁論」までにはかなりの期間がかかることがあるし、弁論前に和解等で終局してしまう事件の割合も、非常に大きい。

また、アメリカの裁判所では、「弁論」担当の裁判官は、一時に一つの事件しか担当しない。判決等によって一件が終了したら次の事件の配点（事件の割り当て）を受けるという進行になる。

日本では、以上のような手続はすべて「口頭弁論」という一つの枠の中で行われてしまう。つまり、最初からずっと同じ裁判官の「弁論」なのであり、弁論の中で訴状の提出も争点整理（主張の整理）も証拠調べも和解も行われ、和解ができなければ判決に至る（なお、争点整理にはそのための特殊な手続もあり、事件終局の方法には取下げもあるが、そうした事柄についてはおいおい説明する）。

日本の裁判官は本当に多忙なのか？

よく、「日本の裁判官は常時二〇〇件台の手持ち事件があるから大変だ、多忙なのだ」などという言い方がされ、これが、裁判官の数が少ないということをいいたいがためのプロパガンダ（広義の政治的宣伝）として使われてきたのだが、日本のように訴状が提出されたすべての事件について同時進行で口頭弁論期日が入ってゆき、期日と期日の間には一か月程度の間が空く（飛び飛びに期日が入る。歯医者の治療と同じ）という制度の下では、裁判官の手持ち件数が少なくともそのような数になるのは、あまりにも当然のことなのである。

このように、日本で行われてきた、あるいは行われている法的プロパガンダは、きわめて不正確であるとともに、法律や制度を知らない一般の人々にとっては取っ付きやすい（つまり、悪い意味でわかりやすい）かたちで行われる例が多いことは、知っておくとよい。

こうした言葉は、「わかりやすく記憶しやすい」ので、メディア等を通じてたちまち流布し、根深く残りやすいし、ジャーナリスト等の間にも、何の根拠も検証もないままこうした言葉を援用する人々が後を絶たない。しかし、実際には、こうした言明は、事態の本質を見誤らせる場合が多いのだ。

そして実は、これは、日本において行政や立法等の権力、あるいは各種の制度について行われ、メディア等を通じて流布される説明やプロパガンダについても、全く同じことなのである。

本当に裁判官の忙しさを比較するなら、たとえば裁判官一人当たりの年間新受件数や処理件数をみるべきだが、これも、事件の質が関係するので、簡単な比較は難しい(『絶望』一五九頁以下)。

しかし、僕がこれまでに見聞した範囲では、少なくとも、日本の裁判官が世界的にみて非常に多忙であるかも、日本のほかの知的専門職と比べて非常に多忙であるかも、きわめて疑問であり、ことに、二〇〇〇年代の司法制度改革後も民事事件新受件数が全体として減少後横ばい傾向にあり、一方裁判官の数はそれ以前に比べて二、三割増加という現状の下ではなおさらのことである、とはいえると思う(なお、最高裁判所〔具体的には最高裁長官や実質的にその下にある事務総局等〕による裁判官に対する締め付けが厳しいことなどもあって、ストレスが大きい仕事であることは事実だ)。

付け加えると、集中審理主義（アメリカ）と併行審理主義（日本）の利害得失は、まさに一長一短であり、一概にいずれがよいともいえない。ただ、併行審理主義の一番のウィークポイントが、裁判官が当事者の「顔」、事件の「個性」をなかなか記憶できず、したがって、良心的かつ能力の高い裁判官でないと、当事者は訴訟記録表紙のただの「記号」になってしまいやすいという点にあることは、おそらく、間違いがないだろう（なお、ここで一つお断りしておくと、法律関係の書物で「当事者」という場合、①当事者本人だけを意味する場合と、②これに代理人弁護士をも含めていう場合とがある。この文章では、②である)。

「裁判官が和解期日に別事件の手控えをもって入ったために、話が一向にかみ合わず、やがて裁判官が事件を間違えていたことがわかった」という話を、僕は、何度となく聞いたことがある。併行審理主義では、こうしたことがきわめて起こりやすい。

総体としての弁護士は、このような問題についてもよく考えてゆくべきだろう。

少ない日本の民事訴訟

いずれにせよ、日本の民事訴訟手続は比較的単純であり、民事訴訟法理論（これは非常に観念的で難しい）の正確な理解が必要とされる局面は、実務ではさほど多くない。したがって、単純で実際上争いのないような事案なら本人訴訟も不可能ではないし、また、弁護士過疎地域等が存在することもあって、実際、本人訴訟が一般的に許されている（日本法は、訴訟事件は弁護士しかできないという「弁護士強制主義」を採っていない）。

にもかかわらず、日本における民事訴訟の件数は、人口比でみると、欧米先進諸国に比較すれば少ない。この点については制度が国により大きく異なるため、信頼できる比較統計があまりないのだが、裁判官一人当たりの国民数でみると、日本は、ドイツの約一一倍、アメリカの約四・五倍であり（二〇一七年度の数字。同年版『弁護士白書』による）、また、裁判官の数と民事訴訟の数はおおむね比例する傾向にあるので、民事訴訟等の民事関係事件の数についても、日本とドイツ、アメリカ（なお、英仏でも似たような数字となる）では、おおまかにいって、これに準じる程度の差はあると考えてよいだろう。

そして、鳴り物入りで行われ、それによって裁判所の利用が大幅に促進されるはずであった司法制度改革後も、前記のとおり、民事訴訟を含む民事事件新受件数は一向に増えていない（『ニッポン』七頁。なお、それ以降はほぼ横ばい）。

これについては、前記の司法制度改革それ自体が問題含みのものであったこと、日本の裁判所・裁判官が、大局的にみて、権力チェック機構としてはもちろん、実は、紛争解決機関としても、それほど信頼されていないことなどが理由として挙げられるであろうが、そのほかに、「日本人はそもそも裁判が嫌いなのではないか？」という疑問も呈されてきているところである。

そこで、次に、この点について考えてみよう。

日本人は裁判嫌いなのか？

「日本人は裁判嫌いである」という言明は古くから存在し、民法学者で日本における法社会学の草分け的存在でもあった川島武宜《たけよし》も、そうしたことを述べている（『日本人の法意識』〔岩波新書〕）。そして、この言明が一人歩きをしたこともあり、近年の法社会学者の間には、根拠に乏しい幻想だとしてこれをしりぞける人々も多い。

興味深い問題なので、これについても、長年の裁判官・学者経験を踏まえつつ考察してみたい。

まず、一般論として、「訴訟の大好きな国民などどこにもいない」ということはいえると思う。文学や映画の例をみればわかるとおり、どの国でも、訴訟はできれば避けたい厄介ごととして描写されてきており（一例を挙げれば、ディケンズの『荒涼館』）、僕が見聞きした限り、訴訟が多いといわれるアメリカでもそれは変わらない。

関連していえば、弁護士は、アメリカでは非常に大きな力をもっているが、庶民からも知識人からも好かれていないという点でもまた、日本を含む先進諸国以上である。率直にいえば、アメリカの弁護士は、政治家の大きな供給源であることもあずかって、法律家以外の人々からは、「金と権力のあくなき追求者」として、相当に嫌われている（僕は、法律家以外のアメリカ人が弁護士をよくいうのを、あまり聞いたことがない）。

もっとも、そうはいうものの、程度の差はあり、欧米先進諸国では、「訴訟はできれば避けたい厄介ごとではある。しかし、一方、紛争解決、権利実現、権力チェックのための最後の手段としてはきわめて重要であって、それに頼ることも必要である」という意識が一般的であるのに対し、日本では、「訴訟はできれば避けたい、かかわりたくない、いやだ」という意識にとどまることが多いのは、事実だろう。

これはことに昔はそうで、僕がまだ駆け出しの裁判官だった一九八〇年代前半には、当事者（被告本人）が「こんな裁判沙汰《ざた》にまでされてしまって」とか、「地域や会社で訴訟のことが評判になってしまい後ろ指をさされて」などといった言葉を、和解の席などでよく口にしていたものだ。

また、被告本人のこうした言葉にもあるとおり、日本では「訴訟を起こされることそれ自体が『恥』である」という意識が人々の間に今なお根強いのも、事実だと思う。ほかでもない、法学者や実務家の間にさえ、潜在的には、そうした傾向がある。

大変正直にいえば、僕自身、みずからの個人的生活においてはできれば一生訴訟にかかわらずに過ごしたいと願っている。また、裁判官や学者で原告や被告となったことから周囲から何やかやいわれることになった人々を何人も知っている。

つまり、日本では、『和』をもって貴しとなし、争いごとはすべからく避けるべし」という古い島国の人々の伝統的な感じ方の型が、法律家の間にさえ根深く残っている。

したがって、日本では、スラップ訴訟（恫喝訴訟）が言論制圧の手段としてアメリカ以上に強力に作用しうるし、現に、報道をはじめとする言論の世界ではその悪影響がかなり目立つようになってきていることについても、根を掘ってゆけば、この問題に突き当たる。

しかし、日本人が訴訟をほとんど無意識的に避けたがることについては、より客観的な要因もまた存在する。そして、僕は、少なくとも今日では、法社会学的観点からすれば、こちらのほうがより重要な原因でありうると考えている。

主要なものを挙げてみよう。

①日本の民事訴訟システムが和解を好み（裁判官による和解の押しつけは、第11章でもふれるとおり、日本の民事訴訟における大きな問題の一つだ）、判断でも、足して二で割るとまではいわないとしても折衷的で原告に必要以上に厳しい判断をする場合が多いこ

と（これは、学生〔司法修習生。以下、「修習生」という〕がそのまま裁判官になることや最高裁による強力な統制の結果、官僚・役人としての性格が強くなる「日本のキャリアシステム裁判官」の際立った特徴の一つだ）、②したがって、大きな費用・手間・時間をかけ、重い精神的負担を抱えてまであえて訴訟を行う意味に乏しいこと、③権力と市民・国民との関係が問題になるような事案、統治と支配の根幹にかかわるような事案（これには、刑事事件、ことにその中の重大事件や捜査の難航した事件も含まれる）においては、裁判官多数派の権力寄りの姿勢がはなはだしいこと、などである。

日本人は、表面上は、あるいは形式的・ムード的には「お上、形式的権威としての裁判所」を立てている人であっても、紛争解決機関、権力チェック機構としてはあまり信頼していない、あるいは重きを置いていないのではないか、ということである。これは、いいかえれば、「日本では、司法が社会に本当に根づいてはいないのではないか？」ということだ。

実際、僕自身の意見もそうだし、先輩である元裁判官の弁護士たちの意見を尋ねてみても大差のないことが多いのだが、「この事案で訴訟をやってみてもあまり大きな成果は得られない公算が大きい。したがって、訴訟は断念し、可能なら場合により弁護士をもまじえての当事者間の話合いで解決するほうがベターだろう」というケースの割合が、かなり大きいのだ。

日本人の訴訟回避傾向の原因のうちこの部分については、川島も先の書物で一部ふれており、日本の裁判所・裁判官の体質が変わらないと、その根本的な改善は望みにくい。

最後に、④すでにふれた、日本における人々の法意識と裁判・法学との間の「ずれ・溝」という大きな問題も、客観的原因の一つとして存在する。

以上をまとめれば、「日本人の裁判嫌い」という単純化された言明は誤解を招く面があるものの、少なくとも欧米先進諸国との比較でみるならば、「日本人の訴訟回避傾向は強くかつ根深いし、また、それにはいくつもの歴史的・社会的な根拠がある」とはいえるだろう。それが、僕の考えだ。

民事訴訟手続の概観

それでは、次に、実務上よくみられる事件類型の一つを例にとって、訴えの提起から判決確定に至るまでの訴訟手続の流れを概観してみよう（次頁の「裁判手続の流れ」図を見てから読むとよりわかりやすいと思う）。

原告Xは、五〇〇万円の貸金の借主Yに対し、貸金返還請求訴訟を提起した（利息、弁済期後の遅延損害金も併せて請求するのが普通）。

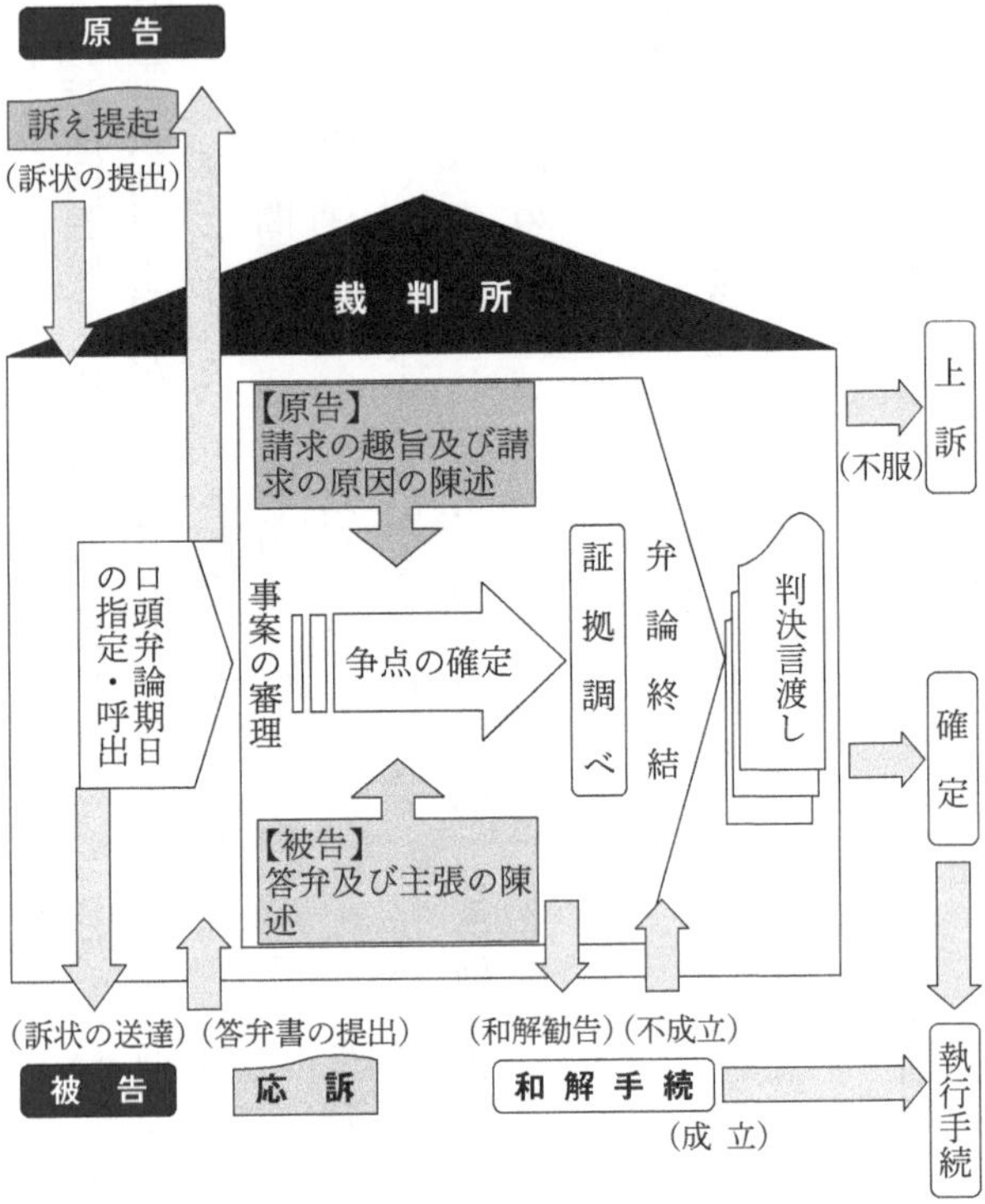

裁判手続の流れ（法務省HPより）

訴訟の開始は当事者のイニシアティヴによってもたらされる。具体的には、原告Xが、訴状を地方裁判所に提出する（訴額が一四〇万円を超えるため地裁。裁判所法二四条一号。三三条一項一号）。

訴状は、地裁事件係書記官に受け付けられ、各部に配点され、各部においてさらに特定の裁判体（一人の裁判官の単独体あるいは三人の裁判官の合議体。この事件では前者になろう）に配点される。

訴状審査の後、訴状は、被告Yに送達される。これによって、裁判所と双方当事者との間に、訴訟法律関係、訴訟係属が生じる。

こうした事案で争点にも特に複雑なものがなければ、四、五回以内の口頭弁論期日で争点整理と書証（書面の証拠。詳しくは第8章の1で解説する）の取調べが完了することが多いだろう。争点整理のために弁論準備手続（民事訴訟法〔以下、単に「法」という〕一六八条以下。第5章でふれる）が行われる場合でも、口頭弁論期日との合計の回数は同程度であろう。

争点整理の間に、当事者が人証調べの段階における提出を考えている弾劾証拠（相手の証拠の証明力〔証拠としての価値〕を争うための証拠）等ごく一部の証拠を除けば、書証は、ほとんどすべて提出される（なお、この事案では考えにくいが、たとえば鑑定や検証も適宜行われうる）。

口頭弁論においては、当事者双方から事前に準備書面が提出される（法一六一条一項）。それらの準備書面を立体的に読み解いて当該事案の「真の争点」を明らかにしてゆくことが、この段階における裁判官の訴訟指揮の目的である。

争点整理が終了すると、人証について集中証拠調べが行われる（法一八二条）。集中証拠調べは、人証二人ないし四、五人くらいについて一期日（午後一、二時間から午後全部）で行われることが多い。複雑な合議事件（合議体の事件）では、二期日程度、場合により各半日ではなく一日の人証調べが行われることもある。

実務においては、「訴訟上の和解」によって事件が終局する例も多く、本格的に争われる事件の六割ないし三分の二程度は和解で終了している。ただ、日本の民事訴訟特有の、裁判官主導による当事者の一方ずつとの順次の面接（交互面接）による和解は、第11章でふれるとおり、手続保障や透明性の観点からは、大きな問題を含んでいる。

裁判所（こうした文脈における「裁判所」は「裁判官」とほぼ同じ意味。以下同様）は、審理のどの段階でも和解を試みることができる（法八九条）が、実際に和解が行われるのは、争点整理の（一応の）終了後、また、人証の集中証拠調べ後が多い。これらの双方で二度和解が試みられることもある。

当事者の意思による（つまり、判決によらない）訴訟の終了の例としては、和解のほかに、「訴えの取下げ」もかなり多い。その大半は訴え提起直後第一回口頭弁論期日前のものであり、当事者間における訴訟外の和解を前提としていると思われる（「何やかや言って払わない、履行しないが、訴えられれば泡を食って和解する」というのはよくある事態だ。なお、訴訟が維持できなくなったことによる取下げの例は、まれである）。

ほかに、原告が請求を放棄しあるいは被告が請求を認めるという終了の形式（請求の放棄・認諾）もあるが、きわめてまれである。

訴訟が裁判をするのに熟した状態（法二四三条一項）になると、口頭弁論が終結され、裁判官の評議、判決書《はんけつがき》作成を経て、判決言渡しに至る（なお、「判決」と「判決書」の区別は厳密なものではなく、裁判官が作成する「書面」という意味合いが大きいときに後者を用いることがあるという程度のニュアンスの相違である）。

終局判決に対する上訴には、控訴及び上告がある。

最高裁判所に対する上告理由は限られている（法三一二条）ため、当事者が法律問題についてさらに上告審で争いたい場合には、上告受理の申立て（法三一八条）が行われるのが通常である。これについて上告受理の決定があると、上告があったものとみなされる（同条四項）。

上告審における判決言渡しがあると判決が確定し、訴訟は終了する。

以上が通常訴訟手続の流れだが、本件事案は金銭請求なので、事前に、多くは訴えの提起以前に、民事保全としての仮差押命令の申立て、発令があり、仮差押執行がなされることがありうる。

また、本件の訴えは給付の訴え（被告の金銭給付等何らかの給付的行為を求める訴え）だから、「債務名義（それによって強制執行の申立てを行うことのできる書面）」となる請求認容判決（原告勝訴判決）の成立後、被告Yが任意に支払をしない場合には、仮執行宣言（法二五九条）付判決、また確定判決に基づき、不動産執行、債権執行等の強制執行手続が行われる。

実際には金銭執行では仮執行の例は多くなく、ほとんどが確定判決に基づく執行である（弁護士は、判断がくつがえったときの原状回復のリスク〔法二六〇条〕を考えるため）。

このように、民事保全、民事執行の各手続は、通常の民事訴訟手続の前とあとに位置する、これときわめて関係の深い手続であるといえ、その点において、相対的な独立性の高い倒産手続（破産手続等）とはかなりその法的性格を異にしている。

たとえていうなら、民事保全と民事執行が民事訴訟の兄弟とすれば、各種倒産手続はその従兄弟たちといったところだろうか。

本格的に争われるのは四件に一件——民事訴訟の終局区分

学者には従来あまり意識されてこなかったが、大づかみな事件の終局区分の把握は、実は、訴訟手続や制度論を考える上で非常に重要な基礎数値なので、最後に、これにふれておきたい。

統計数値は年々変動してゆくが、地裁第一審の民事訴訟事件（行政訴訟事件を除く）の終局区分（既済）の内訳をみると、ある程度の変動はみられるものの、全体としては、かつてとそれほど大きな変化があるわけではない。事件の終局区分の割合、比率には、おのずから予想される範囲があるということだ。

具体的には、たとえば、二〇〇四年（平成一六年）の裁判所の統計（最高裁判所事務総局『司法統計年報』。以下、裁判所の統計といえばこれを指す）でみると、百分率（パーセント）で、次のとおりである。なお、古い統計数値を挙げているのは、このあと消費者金融過払利息返還請求訴訟（過払金返還請求訴訟）が激増し、それにより事件の終局区分がかなり特異な影響を受けている場合が多いため、その種事件激増前の数値を挙げるほうが適切と考えられるからだ（過払金返還請求訴訟のような特異な事件類型を除けば、こうした終局区分の割合は、おそらく、その後もあまり変化していないのではないかと思う）。

対席判決——三〇・一、欠席判決——一七・九、和解——三四・五、取下げなど——一六・四、決定、命令——一・一（ここでいう「欠席判決」〔実務でいうそれ〕は、被告が何らの書面も提出せず欠席した場合であり、被告不出頭だが提出の答弁書等が陳述されたものとみなされた〔法一五八条〕場合を含まないから、被告が「請求原因事実を認める」旨の答弁書を提出して欠席した場合は、「対席判決」に数える。したがって、当事者間に全く争いのない判決の割合は、ここでいう「欠席判決」の割合よりは若干高くなる。なお、「取下げなど」には、少数の「請求の放棄・認諾」が含まれる。また、以上以外の特異なかたちの判決〔ごく少数〕は、便宜上、「対席判決」に含めて計算している）。

この年の数値では、おおよそ、判決が五〇弱（対席が三〇で欠席が一八）、和解と取下げなどで五〇余りというところである。そして、取下げは前記のとおり実質和解であることが多い。

僕の実感により、さらに核心的な部分を述べると、新受事件一〇〇件のうち本格的に争われる事件（争点整理のために少なくとも四、五回以上の期日を経る事件）はおおよそ二五件（つまり、四件に一件）、そのうち四割弱（一〇件弱）が判決で、六割余り（一五件余り）が和解で終局する、という印象である。

和解、ことに本格的に争われる事案におけるそれが透明、適切に行われることがいかに重要かが、この数字からもおわかりになるだろう。

第2章　法的紛争が起こったら

——弁護士の選び方、訴訟についての決断、本人訴訟の是非

法的紛争が起こったら、どのように対処すべきだろうか？　法律相談を行う場合の心構えや弁護士の選び方、また、弁護士に委任する場合に知っておくべき点や注意すべき事柄は何だろうか？　弁護士に委任しないで、自分だけで訴訟を行うことは可能だろうか？

この章では、訴えの提起までに誰もがもつだろうこうした疑問について答える。

また、以上よりもやや高度な問題として、日本で司法が機能しにくい根本的な構造的原因、訴えの中にはそれ自体が不適切なもの（誰のためにもならないようなもの）もまた存在するのではないかといった疑問についても、考えてみたい。

日本では、まだ、紛争解決のための手段といえば民事訴訟を思い浮かべる人が多いかもしれないが、実際には、日本を含めどの先進諸国でも、訴訟以外の手段が種々用意されている。「訴えの提起は、最後の手段とまではいえないとしても、紛争解決のために最初に採るべき方法とは限らない」ことも、知っておいてほしい。

法的紛争は身近なもの

法的紛争は、さまざまなかたちで起こりうる。

誰でも、ごく普通の市民でも、交通事故にあう、相続できるはずの財産を兄弟姉妹に横取りされる、貸している家や借りている家に関して問題が起こる、正当な賃金を払ってもらえない、各種のハラスメント被害を被る等々、法的紛争の当事者となる機会はいくらでもある。また、現代の企業ともなれば、それほど大きな規模のものでなくとも、さらに多様な法的問題を抱えうる。

また、国際化の進展に伴い、外国企業との取引や外国人との離婚等のかたちで、法的紛争の中でも実体面のみならず手続面も非常に難しい渉外紛争に巻き込まれることも増えている。ことに、国際的な子の奪い合いは、困難な法律問題を提供している。

本当をいえば、国際取引や国際結婚の前には、このような問題の可能性についても、一応は考えておくべきなのである（なお、家族法の内容には、宗教等の影響が強く、国によって大きく異なりうることも知っておくとよい〔一例を挙げれば、イスラム圏における男性優位傾向〕）。

日本で司法が機能しにくい根本的な構造的原因

現在の日本では、僕の少年時代（一九七〇年代に入るころまで）とは異なり、地域社会の法的紛争が、暴力団の関与などの外的な条件によって生じ、また同様に、地域の政治家、町の顔役、暴力団等の関与によって不透明なかたちで解決（？）されるという事態は、あまりなくなった。このこと自体は、社会の進歩であるといえる。

しかし、一方、多くの法的紛争のうち弁護士が関与してもお金にならない、なりにくい（採算が合いにくい）ものの多くが、放置されたり、うやむやなかたちでなし崩しに解決（？）されたりしているのも事実だ（もっとも、これは、アメリカでも同様であり、よりひどい可能性もある）。

実は、こうした小さな紛争についてもきちんとした法的解決を図りたいというのであれば、その条件として、① 弁護士数の増加、だけでは足りず、② 国家が関与する法律扶助（法的扶助）制度、リーガルエイドの充実、③ 家族・子ども・貧しい人々等のケアを図る各種のシステムと法的システムの密接な連携、が前提条件として欠かせない。

いいかえれば、訴訟では割に合わないような紛争でも適切に解決できれば弁護士にそれなりのお金が入る、また、社会の弱者保護をも含めた予防法学的な業務によっても弁護士にお金が入る、そうした制度的な手当てが前提として必要、ということだ。

しかし、そのような条件がまがりなりにも充たされているのは、おそらく、ヨーロッパ先進諸国の中でもその一部にすぎない。

僕が二〇一七年四月から一年間訪れた二度目のアメリカは、「貧しかろうが困っていようが自分のことは自分で面倒をみろ。俺たちは知らない」という酷薄な社会になってきており、ものすごい数の弁護士がいても、医療さえ十分なものが受けられない中の下以下の経済階層はおよそ弁護士など頼めないし、各種の制度はそれなりに整っていても社会の劣化が激しいので、日本よりもひどい状況になりつつある（弁護士の多数派は、残念ながら、むしろ、金や権力をもった者の委任を受けて貧しい人々を追い込む側にまわりやすい）。

さて、日本はといえば、②、③の前提がほとんど整っていないのに①の弁護士の数だけ急速に増やした（二〇〇〇年代の司法制度改革には、この点だけとってみても、基本的な制度設計上の問題があった）ので、少なくとも過渡的には、そのデメリットのほうが目立ちやすい状況となっている。

僕は、これまでにおそらく二〇件以上の法律相談を知人から受けている（妻の知人のほうがずっと多い）。もっとも、僕は、かつては裁判官だったし、学者転身後も弁護士登録はしていないから、そうした相談に対しても、ごく一般的なアドヴァイスしかできなかった（なお、『絶望』執筆後は郵便で出版社等に相談をしてこられる方が一定数あったが、法的紛争についての郵便での相談は到底無理であり、加えて、僕は、弁護士登録をしておらず、弁護士の知人も限られることから、残念ながら、こうした相談や要請に応じるのは困難であることを御理解いただきたい。『ニッポン』に続き、本書でも、この点はお断りしておきたい）。

しかし、確かなのは、①そうした紛争の多くは、できれば弁護士が関与することが望ましいものの、弁護士が受任しても弁護士にとっての利益の出にくい事案であったこと、また、② それらの相談者の多く（必ずしもいわゆる貧困層ではない）も、お金がかかるだろうという不安もあって弁護士に相談することには二の足を踏んでいたこと、である。こうした事実だけからみても、先の「三条件全部」の絶対的な重要性が理解されるのではないかと思う。

さらに付け加えれば、「弁護士に対して、報酬のみならず、経費を払うことすらもったいない」という感覚が、日本人、ことに庶民にはかなり強いことも事実だ。これは、つまり、かたちにならない法的サーヴィスの価値が理解しにくいということであり、法的リテラシーの問題とも関係がある。

そして、「元々あまりお金にならず、その報酬も払ってもらいにくい上に、当事者の要求は多い事件や紛争」を避けたがる弁護士が多いのは、残念ながら、人間の自然なのである。

むしろ、弁護士が少なくその経済的基盤が相対的に強かった時代には、良心的な弁護士は「庶民の事件、ことに社会的価値にかかわる事件ではあまり報酬を取らない」というポリシーを保ちえた、そういう部分があるのも事実だ。

「弁護士といえども、医師等ほかの専門職同様、衣食が足りて初めて社会や正義のことを考えられるのだ」というリアリズムを基礎として弁護士制度や先の三条件の拡充を考えてゆく必要があることを、ここで指摘しておきたい。

信頼できる弁護士とは？——法律相談で心しておくべき事柄

さて、法的紛争が生じた場合にまず行うべきことは、法律相談である。

日本の場合、総合法律支援法に基づき設立された公法人である法テラス（日本司法支援センター）で弁護士・司法書士が行っているものが、相対的にみて信頼性が高いだろう。これには一定の無料法律相談の制度もある（もっとも、収入等の制限は付いている）。

また、法テラスは、法的情報提供業務、法律扶助業務（弁護士・司法書士費用の立替え）も行っている（ただし、日本の法律扶助制度は未だ未熟で、あくまで「立替え」にとどまっており、また、やはり収入等の制限があることに注意）。

ほかに、弁護士・弁護士事務所検索のためのポータルサイト（弁護士ドットコム等）やインターネット上の弁護士事務所サイトの事務所・弁護士紹介（自己紹介）も、一定の参考にはなるだろう。

どのような方法で弁護士を探すとしても、依頼、委任の前にまずはその弁護士自身による法律相談ないし最初の面接の段階がある。これは、もちろん有料の場合も多いが、相談だけなら極端に高いものではないのが普通だ。心配なら事前に確認しておくとよいだろう。
相談の際に念頭に置くべき事項は、①相談の内容についての弁護士の説明を正確にかつ客観的に理解すること、②委任するかどうかを決める前提としてその弁護士の資質、能力、性格をよく見極めること、③相談に当たっては、訴訟になる場合に書証として提出すべき各種の書類は整理した上で持参し、紛争の経緯をできる限り客観的に説明すること、④ことに、自分にとって都合の悪い事情や証拠を隠さないこと、以上である。

これらは、実は、いずれもそれほど簡単なことではない。簡潔にコメントしておこう。

①については、できる限りそう努めるしかないが、③ができるような準備をしておけば、おのずから、その人なりの理解は可能なはずだ。

②については、大体医師の場合と同様に考えてよいが、法的な事柄にうとい人ほど、大言壮語型、自己愛型や演技型、「口だけはうまい」型の弁護士（それほど割合が多いとは思わないが）に引っかかりやすいことには注意しておくべきだ。

居丈高でまともに説明をしないようなタイプを避けるべきことは医師の場合と同様だが、一方、表面的な愛想のよさ（テレビのタレントや司会者、あるいは各種のセールスパースンがみせるような）にはとらわれないことが大切だ。

いくぶん冷たい印象を与えるとしても、理性的で説明のていねい、正確な人、あなたの問題点をも婉曲《えんきょく》にではあっても指摘してくれる人、そして、「交渉や訴訟の経過については、必要に応じてわかりやすく説明します」と言ってくれる人は、信頼できる場合が多い。より深いところで自然な温かみを感じさせる人ならさらによい、とはいえるだろう。

③、④については、第8章の2でもふれるが、「人間は、自分に都合の悪いことは隠しておきやすいし、自分に都合のよい『作話』もしがちだ」という、心理学や脳神経科学でも確認されている事実を知っておいてほしい。つまり、「自分の側の弱点は、意識しなければ無視してしまいやすい」ということだ。

逆にいえば、そうした点についてもきちんと尋ねてくる弁護士のほうが、安易に「任せておきなさい。楽勝ですよ」などと確言する弁護士よりも能力が高く信頼もできる場合が多い、ということだ。

以上を総合すると、「相談の前や最中に紛争や自分自身をも客観的に見詰められる視点をもてる人ほど、よい弁護士を選べる」ということになる。

「訴訟は無理ですよ」と言われた場合

複数（二人、三人）の弁護士に相談していずれの弁護士からも「無理だから訴訟はやめなさい」と言われた場合には、実際、訴訟を行ってみても勝ち目のないことが多い。

「いや、自分の事案はそうではない」と思う人はさらに弁護士を探してもよいのだが、結局は「負け筋事案専門」の弁護士に引っかかってお金と時間を空費することになりやすいことには、注意しておくべきだろう。

だから、「無理ですよ」、あるいはより婉曲に「私は受任できません」と言われた場合には、どういう理由で無理なのか、すなわち、①法的な主張として立たない、あるいは弱いのか、②証拠が弱いのか、③裁判官一般を、あるいは、ことに日本の裁判官を、説得しにくいタイプの事案なのか（③、ことにその後者については、正当な事案だが勝ちにくいという場合もありうる）、をはっきり教えてくれるよう尋ね、メモしておくとよい。そうでないと、弁護士はやはり日本人なので、「あなたの心を傷つけないような一般論でお茶を濁した説明」で終わらせようとしがちだ（無料ないし低額の相談で厳しいことを言って相談者から憎まれてもつまらない、と考える弁護士が多いのは、これまた人間の自然だろう）。

そして、そのメモの内容が複数の弁護士でおおむね共通ならば、あなたの訴えは客観的にみれば難しいものである可能性がかなり高い、ということなのだ。

弁護士の費用と報酬——委任に当たっての留意事項

次に、いよいよ弁護士に委任する場合にも、訴訟という手段が適切かどうかはよく相談する必要がある。しかし、これについては次の項目でふれることとし、とりあえずは、訴訟を行う場合を念頭に置きながら説明しよう。

委任契約をするに当たっては、契約書が作成される。僕は、裁判官として、契約書を作成せずに法外な報酬を取っていた結構有名な刑事弁護士と依頼者との間の紛争を手がけたことがあったが、こういうのは現在では論外だろう。

弁護士に支払う費用については、「費用」と「報酬」がある。費用については、簡単な事件なら五万円から一〇万円程度ですむこともあるが、弁護士の出張が多い訴訟や長引く訴訟では金額が増える（なお、訴え提起のための手数料、郵便送達の郵便料金、証人・鑑定人の旅費・日当・宿泊料等の「国に納付する費用」については、これとは別に負担する必要がある）。

報酬については、着手金はその時点でわかるからあまり問題がない。しかし、成功報酬については、一律の計算方法がなく、事案によっても大きく異なりうるし、成果に応じた幅もありうるので、正確な説明を聴いておくことが必要である。支払の段階で行き違いが生じて気まずくなる例も多いからだ。求めてもこの説明をあまり正確にしてくれない弁護士は、そのことだけでも避けたほうが無難かもしれない。

なお、「お金のことは最初に正確に」というのは近代社会の冷厳な原則（イギリス、フランス、ロシア等の近代小説にいかに金銭の話が多いか、思い出してみてほしい）であり、日本人の

「奥ゆかしさ」は、こうした場面ではかえって将来に深刻な争いを生む結果になりやすいことも、意識しておいてほしい。

関連してふれておくと、「時間チャージ制」によっているアメリカの弁護士の水増し請求（一日二四時間以上の請求をしていた例さえあり、一つの時間帯についての複数依頼者への重複請求も多い）や諸費用の高額請求（コピー一枚で二五セント、ファクシミリ一枚で二ドル取るのは珍しくない）はアメリカ法曹界内部でも問題化している（たとえば、リチャード・ズィトリン、キャロル・ラングフォード著、村岡啓一訳『アメリカの危ないロイヤーたち――弁護士の道徳指針』〔現代人文社〕参照）。

ビジネスパースンのためにさらに付言すれば、日本企業などは格好のカモにされている場合が多いとも聞いた。ことに大事務所が危険といわれ、「アメリカ弁護士の世界も相当に絶望的」とはいえそうだ。日本では、さすがにこうした例はまだあまりない（いずれにしても、時間チャージ制は、不正の起こりやすいシステムだといえる）。

最後に付け加えると、相談してもなお迷いが残る場合には、とりあえず、「家族ともよく相談して、お願いするかどうか決めたいと思います」と弁護士に告げた上で、委任の是非についてもう一度じっくり考えてみるという方法もある。迷いがある場合には、数日間の冷却期間を置くと正しい判断をできることが多いものだ。もっとも、返事をする期限は明確にしておくべきである。

さまざまな紛争解決方法

法的紛争に遭遇し、そこで自分の法的利益が守られていないと考える場合であっても、採りうる方法は、民事訴訟だけではない。ほかに採りうる方法を順に挙げてみよう。

① 各種のＡＤＲ(Alternative Dispute Resolution：裁判外紛争処理制度)は、広く利用されている。

たとえば、裁判所における民事調停や家事調停、公害等調整委員会や建設工事紛争審査会による調停や仲裁等である。仲裁とは、当事者間の合意に基づいて第三者である仲裁人に紛争の解決をゆだねる制度だ。

付け加えれば、仲裁が用いられる最も典型的な紛争は、「国際商事取引に関する紛争」である。こうした取引に関しては、国際的な裁判管轄（どの国の裁判所に訴えを提起できるか）がまず問題になる上、どの国の裁判官もその種の紛争にはあまり慣れていないのが普通であるため、裁判所によって早期に適切な解決がもたらされることは、期待しにくい。また、仲裁には、非公開なので知的財産等に関する企業秘密が守られやすい、上訴がないので判断が早期に得られる、などのメリットもある。

そのため、国際取引に関する契約に当たっては、契約中で、あるいは契約と併せて、仲裁合意を行っておく場合が多い。これは、「現代におけるビジネスパースンの基礎知識の一つ」だろう（なお、ビジネスパースンが一応知っておくとよい国際民事訴訟の基本問題については、僕が書いた教科書『民事訴訟法』〔日本評論社〕の第24章参照。また、ＡＤＲ手続全般に関する法律として、「裁判外紛争解決手続の利用の促進に関する法律」がある）。

② 金銭請求事案で、事実に争いがないかあるいは相手方の言い分が法的にみてほとんど問題にならないような場合には、まずは督促手続（法三八二条以下。書記官が、形式的な審査を行った後に「支払督促」を発する）を選択するのが効率的だ。

これは、督促異議の申立てがあると通常の民事訴訟に移行するが、その場合でも、多くは和解か簡単な判決で終了している。督促異議の申立てがなければ、支払督促が債務名義になる。

③ 迅速な救済の必要性が高い権利の早期の実現については、「仮の地位を定める仮処分命令手続」を選択することも考えられてよい。

たとえば、建築工事・出版・通行妨害・危険と考えられる施設の稼働等の差止めないし禁止（近年は原発に関して話題になることが多い）、あるいはフランチャイズ契約当事者の地位確認等の各種の法的地位の確認については、実際には、この仮処分手続が主戦場となり、そこで紛争が解決している例が多い。つまり、本裁判なしで紛争が事実上早期に決着していう例が多いということだ。これには、こうした事案については通常の民事訴訟（本裁判）では解決までに時間がかかり過ぎる、遅過ぎる、という事情もある。

④民事訴訟法およびその周辺領域には、通常の民事訴訟手続以外に、簡易な略式訴訟手続も用意されている。

たとえば、少額訴訟（法三六八条以下）は六〇万円以下の金銭請求についての本人訴訟を前提とした簡易な訴訟手続だ。また、労働審判法上の労働審判は、労働契約に関して個々の労働者と事業主との間に生じた紛争（たとえば賃金の一部未払）について簡易な労働審判を行うものだ（これについても、異議の申立てがあれば通常の民事訴訟に移行する）。

⑤最後に、以上のような「法律に根拠のある選択的紛争解決方法」のほかに、あなたの委任した弁護士が、相手方と、場合によっては相手方のほうでも弁護士を立ててもらった上で、お互いに証拠を開示して話合いを行う、という方法もある。

双方の弁護士が一定の能力をもちかつ良識と誠意があるならば、そして、当事者にも一定の柔軟性がありかつみずからの弁護士を信頼することができるならば、これもまた、適切な紛争解決の方法だ。

さて、では、なぜこうした民事訴訟以外の紛争解決方法をまずは考えてみることが適切かといえば、それは、訴訟は費用・手間・時間がかかる上にそれを行うことによるストレス、精神的な負担も相当に大きく、さらに、結果の予測もつきにくいからである。

また、裁判官が足して二で割るような安易な和解を強引に進める場合には、その結果について、先の⑤のような弁護士どうしの話合いによった場合よりもかえって当事者に不満と不信が強く残る、ということにもなりがちだ。

もっとも、反面、交通事故や保険請求の場合などには、保険会社やその弁護士（交通事故の場合、保険会社の弁護士が被告につく）が支払うべき事案で支払わなかったり金額を値切り倒そうとする例もないではなく、そのような場合には、訴訟によったほうがよい。

つまり、紛争解決方法の選択についても、また、次の項目で論じるように訴訟を自分だけで行うか否かについても、法律相談を含めた相談の機会によい弁護士と話し合い、その説明をよく聴いた上で、決めることが望ましい。

訴えの提起が適切な事案か否かはことに微妙な選択になるが、当事者間に実際にはあまり争いのないような事案（相手方が理由もなく履行を渋っているだけの事案）について性急に訴えの提起を勧める弁護士は、そのことによってほかの紛争解決方法を選択した場合よりも高額の報酬を得ることを目的としている場合もありうるから、注意すべきである。

民事訴訟は自分だけでできるのか？

それでは、ADRはおくとして、それ以外の法的な手続、ことに民事訴訟（前記の「少額訴訟」は除いて考える）を素人が自分だけで行うことは、実際上可能なのだろうか？

結論からいえば、類型的かつ単純な事案で実質的には争いがないような場合、たとえば建物（マンションやアパートの一室も法的には「建物」である）の賃貸借契約でさしたる理由もないのに賃料不払が長く続いているようなときには、貸主に一定の法的感覚があれば（なお、法的感覚も他の技能と同様に一種の能力なので、知的能力とある程度は連動するものの、「ある人にはあり、ない人にはない」という側面も結構強い）、また、一定の苦労もする覚悟があれば、本人訴訟でもとりあえず何とかなる、とはいえるだろう（相手が本当にまともに争わなければ、という趣旨）。訴状や準備書面は、各種のひな形を利用するか、司法書士に書いてもらうことになる。

事案にある程度込み入った部分や弱い部分があり、司法書士も難色を示してなかなか書いてくれないとなると、それは、実は、勝ち目がない（理由に乏しい）か素人には無理な訴訟であることが多い（付言すれば、簡裁の第一審訴訟手続については、司法書士も訴訟代理人となることが認められている〔司法書士法三条一項六号ないし八号、六項〕）。

また、判決の場合、上訴で時間稼ぎをされることもありうる（こうした問題については後に第13章でふれる）し、その間に資産隠し等をされる可能性もある。それを考えるなら、民事保全の申立ても事前にしておかなければならない。さらに、判決の場合には相手が任意に履行することは少ないから、強制執行の申立ても必要になる。

日本の民事訴訟手続は第1章で論じたとおり比較的シンプルなので、訴訟自体は何とかできたとしても、民事保全法や民事執行法はその構造や手続が複雑で、法学部はもちろん、法科大学院の学生でもなかなか理解できないくらいだから、素人の手に余ることも多い（前記の賃料不払による賃貸借終了に基づく建物明渡しは、強制執行も、それが必要なら保全〔占有移転禁止の仮処分〕も、比較的申立ての方法や手続がわかりやすい訴訟類型といえる）。

訴訟を自分だけでやる場合には、こうしたことも考えておく必要がある。

もっとも、被告側については、本人訴訟がかなり多い。争いがない事案、被告の主張が法的にみて意味に乏しいものであったり、証拠が存在しないかきわめて弱い事案では、弁護士を委任するまでもないので（あるいは委任しようとしても断られるので）、本人が対応することが多いのである。

なお、被告本人訴訟事案で被告が本格的に争おうとする場合、大半の例では被告の主張立証は前記のように弱いものなので敗訴に至るが、ごくまれに、準備書面等の記述も証拠もしっかりしていて、口頭弁論における受け答えも上手であり、勝訴（請求棄却）で終わる例も、ないではない。こうした事案では、原告の主張立証に問題があるとともに、被告が天性の法的感覚をもっていることが多い（本人訴訟については、第4章でもふれる）。

その訴えは、はたして適切なものか？

僕は、アメリカ型経験論に基づく哲学的方法であるプラグマティズムを基本とし、そこにヨーロッパ的な観念論の長所をも採り入れた思考方法を基本とする自由主義者であり、同時に、正統的な保守主義や左派のよい部分をも参照するという立場だ。一方、右派（ことに特殊日本的なアメリカ追従あるいは隷従の「国粋保守」？）はもちろん、左派についても、そのイデオロギー的・教条主義的な部分については批判してきた。つまり、どんな事柄についても、よい部分は評価するし、悪い部分は指摘、批判するということだ。

だから、ここでも、学者や弁護士に一定程度ある「進んだ社会ほど訴訟は多い」、あるいは「訴訟は多いほどよい」という安易で不正確なタテマエ論には釘を刺しておきたい。

訴訟の中には、スラップ訴訟のように言論制圧のために訴訟を利用するはっきりと不適切なものもあるし、また、原告本人は正しいと思っている（そのような幻想を作ってそこにはまり込んでいる）かもしれないが、被告にとっては迷惑千万であり、また、社会のためにもならない（裁判所という公的資源の無駄遣い）というものも一定程度存在する。

ことに、アメリカのように弁護士の数が必要以上に多く、その相当部分が、公益をあまりかえりみないむき出しの市場原理によって動き、金になる仕事を取り合っている場合には、どうしても、そうした訴訟の割合が増える。

日本の場合、弁護士が少ないことには多くの弊害もあったが、そのことには、「日本には司法書士等多数の弁護士隣接職種があり、弁護士はもっぱらその仕事を訴訟に特化してきた」という背景もあった（このことについてはさまざまな評価がありうると思うが、少なくとも、それは、「間違いのない事実」ではあった）。

そして、弁護士数を増やすについてこうした事情の考慮が不十分であったため、若くかつ相対的に能力に乏しい弁護士の経済的基盤が弱くなり、したがって、手っ取り早く金になる訴訟（たとえば前記の過払金返還請求訴訟。全部が悪いというわけでは決してないが、どうかと思うような訴えも一定程度あった）や、およそ理由のない、本来なら起こされるべきではない訴訟の割合が増加して弁護士の信用を落とす、という現象も生じていることは事実だ。

そこで、以下では、避けたほうがよい訴訟の例を挙げておきたい。
① 第一に、一定の理由はあるがまずは弁護士どうしの話合いやADRを考えたほうがよい紛争の例としては、訴えを提起した場合、相手方にも、これに関連する反訴（法一四六条）を起こすことが可能な事案がある。こうした事案では、あなたが訴訟を起こせば、被告は必ず反訴を提起する（反訴は同一訴訟手続内で起こされ、本訴と併せて審理される）。

そして、反訴提起事案にしばしばあるのが、本訴のほうは棄却かそれに近い結論なのに反訴のほうは全部認められてしまう、という結果なのだ。

たとえば、Xが、ある契約が誠実に履行されなかったことを理由として契約の相手方Yに損害賠償請求を起こしたのに対し、Yが、契約は的確に履行したとして争うとともにその契約の残代金を同じ手続の中で反訴として請求するような場合である（拙著『ケース演習 民事訴訟実務と法的思考』〔日本評論社。以下『ケース演習』と略〕の第11事件が、これに近い事案だ）。

Yとしては、紛争になってしまったから残代金の請求はあきらめようかと思っていたのだが、Xがあえて訴えを提起するなら自分のほうも容赦はしない、ということだ。こうした場合、Xの本訴請求は難しくYの反訴請求は通りそうだということになると、Yは、もはや和解に応じないことが多い。これは、人間の気持ちとして自然なことである。

こうした事案を、僕は、「やぶへびの訴え提起事案」と呼んでいる（反訴を招き、そして、本訴のみならず反訴でも負けてしまうことになるから）。

原告本人も弁護士も、その事案、紛争をみる客観的な目が足りず、また、感情に流されていたり自信過剰であったりする場合に、このような事態が起こりやすい。この点は、原告本人以上に、専門家である弁護士が気をつけておくべき事柄だ。

② 第二に、事案が一見して法的に弱いか客観的証拠に乏しい、あるいはその両方とい

う事案がある。こうした事案は、まともな弁護士は引き受けたがらないので、「負け筋事案専門で、まずは着手金が取れればよく、その後も訴訟が長くかかればかかるだけ何らかの報酬ないし費用が請求できて得だから受けよう、という弁護士」だけが受けてくれるということになりやすい。こうした事案の極端なものの中には、たとえば次のようなきわめて不当なものも存在する（ある地域で不当な請求を繰り返している原告による訴え）。

事例2

Xは、自己所有地の隣接地（つまり隣人の「庭」の一部）に不当な土砂の廃棄（みずからが別のところで行った土木工事等の残土の廃棄）を行いながら、また、契約書等の的確な書証は一切存在しないにもかかわらず、これは隣人Yの依頼による請負（盛り土を行って土地を高くしてほしいとの請負〔何のためにそんな不思議な依頼がなされたのかの理由は明らかにしない〕）の履行であったとしてYに対し高額の請負代金を請求するといった、訴状だけみてもいささか異常と感じられる事実関係の事案である（つまり、他人の庭に残土を捨てて盛り土をし、それが他人の依頼に基づくものだったと強弁している）。

Xは、同じようなことを何度も繰り返し、やがてはそれが社会問題になり、刑事訴訟を含めしかるべき手続がとられることになって、一連の民事訴訟も終息することになる。

このような事件を裁判官の目からみると、個々の事件を依頼された弁護士にとってはその事案しかみえないとしても、通常人の社会常識に照らしてある程度醒めた目で依頼者の言い分を聴くならば、それがおかしいことは容易に見抜けるのではないかという気がして仕方がないのである（弁護士職務基本規程三一条「弁護士は、依頼の目的又は事件処理の方法が明らかに不当な事件を受任してはならない」との関係も問題となりうる。あまりにひどい場合には、懲戒申立ての理由になる可能性もあるだろう）。

ところが、こうした事案の弁護士は、必ずしも問題のある弁護士とは限らないのである。仕事がないのでやむなくそうした事案を手がけているとの印象を与える場合もある（前記の「負け筋事案専門」の弁護士。東京のような大都市部にはそのような弁護士が比較的多い）が、ごく普通の弁護士の例も、中にはあるのだ。

一方の側の言い分を聴くだけでその当否を判断することが難しい場合があるのはある程度理解できるとしても、弁護士は、こうした事案の可能性にもっと鋭敏であってもよいのではないかと、僕は、感じるのだ（なお、こうした事案では、中途で弁護士が辞任してしまうこともよくある。被告や裁判官としては、中途で辞任してしまうくらいなら最初から受任自体についてよく考えてみてもよかったのではないか、と感じることになる。ことに、被告としては、憤懣《ふんまん》やるかたないであろう)。

こうした不当な訴えの提起については、不法行為として損害賠償請求の対象となりうるが、これについての最高裁判例の基準は非常に厳しい(最判一九八八年〔昭和六三年〕一月二六日。「訴えの提起は、提訴者がその訴訟において主張した権利または法律関係が事実的、法律的根拠を欠くものである上、同人がそのことを知りながらまたは通常人であれば容易にそのことを知りえたのにあえて提起したなど、裁判制度の趣旨目的に照らして著しく相当性を欠く場合に限り、相手方に対する違法な行為となる」とする)。

なお、僕は、この判例の基準は、このような場合の不法行為該当性の要件としてはやや厳し過ぎるのではないかと考えており、**事例2**のような事案をも含め、明らかに不当訴訟と考えられるものについては、反訴の損害賠償請求を認めた例が、三三年間で五、六件はあったと思う(日本の平均的な裁判官は、何にせよドラスティックな判断を避けたがるので、こうした損害賠償請求については、なかなか認めたがらない)。

第3章　訴えの提起——訴状、答弁書

民事訴訟は、法社会学的にみれば、原告と被告がそれぞれのストーリー（法的な評価、枠組みにおける事実の集合体が一つの「ストーリー」となる）を掲げての争いであり、その食い違う部分、ことに重要な部分が、訴訟の主要な争点となる。

そして、実際の訴訟では、原告の訴状とこれに対する被告の答弁書ないし第一準備書面の提出によって、事案の性格、また審理の進むであろう方向の大筋が明らかになることが多い。つまり、事案の基本的な概要がみえるということだ。

訴状の記載事項

訴えの提起は、訴状を裁判所に提出することによって行う（法一三三条一項）。

訴状には、当事者、法定代理人（例が多いのは、子どもが原告である場合の親権者である父母）や訴訟代理人（地裁では弁護士に限られる）、請求の趣旨および原因を記載する（同条二項、民事訴訟規則〔以下、単に「規則」という〕二条一項）。

請求の趣旨とは、原告が「訴えをもって求める審判」の内容を示すものであり、請求全部認容判決（原告の請求を全部認める判決）の主文は、請求の趣旨と同じ内容になる。

請求の原因とは、先の条文との関係では、訴訟の目的物、審判の対象（これを「訴訟物」という）を特定するに足りる事実を意味する。たとえば、金銭請求の場合のその理由となる事柄（特定の売買・請負契約等）などである。

もっとも、弁護士や裁判官が「請求の原因」という言葉を法廷で用いる場合には、これは、訴訟物たる権利関係を基礎づける事実主張（後記の「主要事実」の主張）としての「請求の原因」を意味することがほとんどだ。この意味では、「請求原因」ということが多い（もっとも、このあたりは「民事訴訟法学」の問題なので、テーマを異にする本書では詳しくは立ち入らない。なお、法学という側面からは重要な相違をもう一つ挙げておくと、「請求」と「訴訟物」の違いがある。この相違は、ごく簡単にいえば、「請求」には方向があるが「訴訟物」は審判の対象なのでそれがない、ということである。たとえば、XのYに対する「給付請求」と、同一の給付請求が対象とするYの債務〔Xにとっては先の給付請求の対象となる債権〕についての、YのXに対する「債務不存在確認請求」とは、請求としては異なるが、それらの訴えの対象である「訴訟物」たる債権債務自体は同一である。説明が難しく感じられると思うが、こうした民事訴訟法学の理屈までちゃんと理解したいという人には、瀬木『民事訴訟法』をお読みいただきたい）。

それでは、簡単な請求の趣旨と請求原因（先の二つの定義のうち後者）の実例を示してみよう。

Xは、二〇一八年三月一日に、Yに対し、二〇〇万円を、返済期限翌年三月一日、利息年四分（四パーセント）、返済期限後の遅延損害金年一割五分で貸したが、Yは、一回も利息を支払わず（これは、よくあることです）、また、期限が過ぎても元金を返済しない。そこで、XがYに対して貸金返還請求訴訟を提起し、利息と遅延損害金の支払をも求める場合、請求の趣旨と請求原因の一般的なかたちは、以下のようになる。

請求の趣旨：被告は、原告に対し、金二〇〇〇万円およびこれに対する二〇一八年三月一日から二〇一九年三月一日まで年四分、同月二日から支払済みまで年一割五分の割合による各金員を支払え（ほかに、仮執行宣言、「訴訟費用は被告の負担とする」との裁判も求めるのが普通。なお、「二〇〇〇万円」の前の「金」は付けるのが慣例）。

請求原因：Xは、二〇一八年三月一日に、Yに対し、二〇〇〇万円を、弁済期翌年三月一日、利息年四分、遅延損害金年一割五分の約定で貸し渡した。

この「請求原因事実」は、消費貸借契約（貸金契約）の締結、金員の交付、弁済期の定め、利息と遅延損害金についての約定という「主要事実」（原告の求める法律効果を発生させる事実）から成り立っている。正確にいえば、利息と遅延損害金の請求はそれぞれ元金請求とは別個の訴訟物を成すので、これらを請求しない場合には、その関係で必要な「利息と遅延損害金についての約定」は不要になる。

主要事実は「要件事実」ともいわれ（正確には、「要件事実に事案ごとの最低限の具体的な肉づけをしたものが主要事実である」とするのが学説。僕もこの見解を採る）、民法等の「実体法」（法律関係の内容を定める法。これに対し、民事訴訟法のように法律関係の内容を実現するための手続を定める法を「手続法」という）の内容を、いずれの当事者がそれを主張・立証しなければならないかを考えながら最小限の要素に分解したものである。

その基本はそれほど難しいものではないが、複雑なものになると、細かな部分について、その内容やそれをどちらの当事者が主張・立証すべきかについて、学説、実務に争いのある例も多い。

ところで、前記の請求原因にYの不払の事実が入っていないのはなぜだろうか？

それは、債務の弁済（支払）はYが「抗弁」として主張立証すべき事実（それをしなければ敗訴する事実）だからである。もっとも、実際の訴状では、たとえば、「Yは、『銀行に見捨てられるから二〇〇万円だけ貸してくれ。利息も損害金もいくらでも払うから』と懇願して借りたにもかかわらず、利息すら一度も支払っていない有様である」といったように、訴状に不払の事実も記されるのが普通だ（事案の全貌を明らかにする意味で、こうした事実を含め、みずからが主張すべき主要事実以外の事実を記載することは多い。ことに重要なのは、みずからが主張すべき主要事実を推認させる間接事実の記載だ）。

以上のとおりだが、これら各種の事実を漫然と記述するのではなく、各事実の法的な意味づけを考えながら、自己が主張すべき主要事実とこれを推認させる重要な間接事実を中心として、訴状を構成的に作成することが重要だ。これは、後にふれる準備書面でも同様である。

今ではインターネットでも各種の訴状例、請求原因例が参照できるから、一定の能力をもった人であれば自分でも簡単な訴状の作成ならできるが、かつては、素人の書く訴状には不備が多かった。たとえば、貸金については前記のとおり誰でもおおよそのところは考えられるのだが、これが、賃貸借の終了に基づく建物明渡請求事案などでは、場合によっては(たとえば単純な賃料不払以外の終了原因を主張するような事案)、結構難しくなる。ところが、そうした訴状を、司法書士に作成を依頼せず、我流の、わけのわからない、きわめて意味の取りにくい書面として作成し提出してくる本人もあり、また、その中には相当の変わり者もいた。そのような場合、その意味を明らかにし、不備をただして訴状として整えさせるのは、裁判官にはかなり骨の折れる仕事となっていた。

訴状の審査とその補正

前記のような特別な本人訴訟事案については、書記官では到底手に負えないので、裁判官が法廷等で実質的に訴状を作り直すための指導をすることになるのだが、それは稀有な例外であり、通常の民事訴訟では、原告が提出した訴状について、裁判官やその包括的な指導を受けた書記官が、まず、その審査を行い、不備な部分があれば当事者に補正させる。

審査事項は、先に挙げたような事項のほかにも、訴え提起のための適切な手数料が収入印紙貼付《ちょうふ》の方法によって納付されているか、管轄（その裁判所が事件についての管轄権をもつか）、訴状中の計算関係や相続関係の記載は正確か（相続関係についてはその根拠となる戸籍謄本も提出させて確認する例が多い）、請求原因や法的な構成について不備はないかなど多々あり、これらについて、受付係の書記官、事件が配点された部の書記官、担当裁判官（合議事件ではまず左陪席）が、順に、形式的な事項から徐々に実質的な事項に重点を移しながら、審査してゆく。

この制度は日本のシステムにおける長所の一つで、被告に送達される訴状は、何人もの目による審査に基づく補正の結果、すでに、おおむね理解しやすく不備の小さなものとなっている。したがって、被告の理解と応答も容易になる。

もっとも、書記官の審査は、時には小さなことに形式的にこだわりがちになるが、そうした点で法的見解が異なるような場合には、「この点については当方の見解を裁判官に告げた上で相談してみていただけませんか」と弁護士が告げれば、裁判官と相談をしてくれる。

当事者本人だと、ちょっと難しい訴状では、なかなかこの審査を通らないことがありうる。本人訴訟では、こうした点のストレスは覚悟しておかなければならない。もっとも、前章でふれた簡裁の「少額訴訟」は、本人訴訟前提の手続なので、書記官が相当程度に教えてくれるし、あまり厳密な正確性も要求されない（ただし、この略式訴訟手続をとると、訴訟は第一審限りでおしまいとなってしまうことには注意）。

被告の主張――答弁書、被告第一準備書面

第一回口頭弁論期日が指定され、訴状が被告に送達されると、被告は、その期日までに答弁書を作成することになる。この期日は被告の都合を聞かないまま指定されるので、被告が弁護士を依頼するような場合には、弁護士が別件で期日が入っているなどの不都合があれば、申立てによって割合容易に変更してもらえる。

もっとも、弁護士は、第一回口頭弁論期日までには被告から詳細な事情聴取を行うのが難しいことが多いため、そのような場合には、答弁書には、請求原因事実についての認否や被告の主張は記載せず、「原告の請求を棄却する、訴訟費用は原告の負担とする、との裁判を求める。請求原因事実については追って認否する」と記載した答弁書を提出するにとどめ、期日には欠席する例も多い（第一回口頭弁論期日については、出頭しない当事者の提出した書面も陳述したものとみなされる〔擬制陳述。法一五八条〕）。

いずれにしても、答弁書、被告第一準備書面の双方を併せて考えるならば、これらの書面には、請求原因に対する認否のほかに、被告の主張の大筋が記されるのが通例である。

被告の主張については、「請求原因に対する認否」、そして、請求原因が認められる場合の被告の「抗弁」（この言葉には七三頁でもふれた）が記載されることが多い。

「抗弁」とは、「請求原因と両立し、その法律効果をくつがえすことによって、原告の請求が認容されるのを妨げる（請求原因から生じる法律効果の発生を妨げる）主張」である。貸金請求の場合を例にとると、弁済（金銭債務の返済）、免除（債務の免除）、消滅時効の完成、被告が原告に対して有する別個の債権による相殺（二人の者が互いに同種の債務を負担する場合に一方の意思でこれらの債務を対当額で消滅させること）等が代表的な抗弁である。

抗弁に対しては、原告が、さらに、「再抗弁」すなわち、「抗弁と両立し、その法律効果をくつがえすことによって、請求原因から生じる法律効果を復活させる主張」をすることがある（たとえば、消滅時効の完成猶予・更新）。さらに再々抗弁等も続きうるが、多くの訴訟では、抗弁あるいは再抗弁までで主張が尽きるのが普通だ。

証明責任と証明度

ここで、双方の主張を証明の責任（証明責任）という観点からみるなら、原告は請求原因である貸金に関する事実について、被告は抗弁である弁済等の事実についてそれぞれ証明責任を負うことになる（以下、再抗弁は原告、再々抗弁は被告と続いてゆく）。

裁判所がどの程度の心証を形成すれば証明の対象となる事実が存在するものと扱ってよいか（証明責任を負う当事者がその事実についてどの程度の立証を行う必要があるか）に関する程度を「証明度」というが、これについては、見解が分かれている。

日本では「通常人が疑いをさしはさまない程度の高度の蓋然性《がいぜんせい》」を必要とするのが多数説であり、アメリカでは、「証拠の優越性」を満たせばよいとされる（証明の程度が相手方よりもまさっていさえすればよい。より簡単に請求が認容される）。僕は、双方を比較しての経験から、「証拠の優越性よりは高いが、通常人が疑いをさしはさまない程度の高度の蓋然性よりは低い、相当程度の蓋然性説」を採っている（瀬木『民事訴訟法』の項目［300］）。

ところで、被告は、請求原因の全部ないしはその重要な部分を否認するとともに、原告の主張する事実とは異なる事実が認められる旨を主張することも非常に多い。たとえば、貸金返還請求に対して、「確かにその金額は受け取ったが、それは、借りたのではなくもらったのである（贈与）。その証拠に本件では金銭消費貸借契約書が作成されていない」と主張するなどである（子や義理の子に対する親の請求等親族間の貸金請求では、被告からこのような主張がなされることがままある。後に第8章の2では、こうした事案における反対尋問の例を取り上げる）。

この場合、被告は、貸金に関する主要事実を一部認め（金銭の交付）、一部（消費貸借契約の締結）は否認している。その否認の態様は、原告の主張するストーリー（貸金）とは異なるストーリー（贈与）を主張するものなので、「積極否認」（相手の主張とは異なる主張を積極的に行いながらの否認）といわれる。積極否認は、請求原因について行われることが多いが、抗弁や再抗弁についても行われうる。

民事訴訟では、このように、紛争に関して原告のストーリーと被告のストーリーが主張され、いずれが正しいのかをめぐっての争いとなることが多い。

証明責任についてみると、被告の前記の贈与の主張は「積極否認」にすぎず、その立証は証明責任を負わない側が行うものにすぎないから、裁判所の、貸金についての前記のようなレヴェル（証明度）の心証を揺るがせ、真偽不明の状態（ノンリケット〔ラテン語〕の状態）に持ち込めば足りる。

「ノンリケットの状態」についてわかりやすい例を挙げると、たとえば、原告主張の金銭消費貸借契約（貸金契約）が口頭のものであり、原告はその主張する契約のころまとまった金銭を銀行からおろしているが、これを被告に交付したことの立証ははっきりしないなどといった場合、裁判官の心証は、「金銭消費貸借契約とその履行があったともいえず、さりとてなかったともいえない」といった真偽不明状態のものになりうる。

しかし、こうした状況でも裁判所は裁判をしないわけにはゆかないから、こうした状態の心証の場合、裁判所は、証明責任によって、原告の請求を棄却することになるのである。つまり、法適用の前提となる事実が真偽不明のときには、その立証者（この場合原告）は、証明責任を果たしたとはいえず、その法適用に基づく法律効果が発生しないことになるのだ。

以上をいいかえれば、こうした当事者の負担のことを「証明責任」と呼ぶ、ということになるわけである。

説明が民事訴訟法学の領域に入ったので少し難しくなったが、要するに、「一方当事者が主張立証責任、証明責任を負う事実（請求原因事実、抗弁事実等）については証明度に達した証明が必要だが、これらに対して相手方の主張する積極否認事実については、先の事実について証明度に達しているような裁判官の確信を揺るがしさえすれば足りる（ノンリケットの状態まで押し返せば足りる）」ということになる。

第４章　民事訴訟事件進行のパターン

争点整理等に先立ち、この章では、それらの前提として、民事訴訟事件をいくつかのカテゴリーに分類した上で、そのカテゴリーごとに、「民事訴訟事件進行のパターンないし方向性」について解説しておこう。

事件進行のパターンのおおまかな区分を把握しておくことは、裁判官のみならず、弁護士にとっても重要である。

裁判官の視点からみると、その作業は、比喩的にいえば、比較的大きな病院の医師が担当患者の病状の程度をおおまかに評価、区分した上でそれぞれについての治療方針を立てることにも似ている。患者の個別性、具体性を前提としつつ、なおかつ一定の区分を行うのは、必要であり有用でもあるということだ。

調書判決事案

被告が原告の主張を全く争わないか、被告の所在が不明等の理由によりこれに対する送達の方法が公示送達（裁判所の建物の外に設けられた掲示板に書類をいつでも送達する旨を掲示して行う送達。その後二週間が経過すれば送達の効力が発生する。法一一〇条以下）によって行われた場合には、裁判の内容は定型文に近く、裁判官があえて判決書を書くまでの必要性に乏しいので、裁判官は、判決書の作成に代えてその記載事項を書記官に調書に記載させ、これをもって判決に代えることができる（法二五四条）。かつてはそうした事案でも裁判官がいちいち判決書を書いていたのだが、現行民事訴訟法（一九九八年施行）は、それをやめて、事務を合理化したわけである。

実務では、この調書のことを「調書判決」と呼んでいる。ある月の新受事件に調書判決事案が多いと、裁判官も書記官も「とてもうれしい」というのが普通、本音だ（ほとんど手間がかからないで一定数の事件が終了し、かつ、まずは控訴されないで確定するから）。

これは、原告本人訴訟でもできる事案の典型である。

この類型では、訴状の内容はおおむね定型的だが、訴状引用の判決となることが多いので、訴状には請求の趣旨、請求原因の正確な記載が要求される（本人訴訟の場合には、定型的なもの以外は司法書士に書いてもらうのが適切）。

書証については、被告が欠席しかつ争わないことが予想される事案では、特に重要なものだけ念のためということで引用添付しておけばよいが、公示送達事案については、最低限の立証が必要になるから、請求原因が過不足なく立証できるものを証拠説明書とともに提出しておくべきである（原告の簡単な本人尋問を行うために「陳述書」〔第8章の2参照〕の提出まで必要とされるかどうかは裁判官の判断によるので、それを待つことでもよい）。

被告が本人の事案（調書判決事案を除く）

①　被告が第一回口頭弁論期日に「争う」旨を記載した答弁書を提出する（これは擬制陳述〔法一五八条〕される）のみで欠席する場合

多くの場合には続行期日が指定されるが、答弁書の記載が何ら具体的でなく、要するに履行したくないという趣旨や一般的な不満（たとえば、賃借人が訴えの提起自体に不満を述べ〔「原告は話合いで解決すると言ったにもかかわらず訴えを提起した」などと主張する例が多い〕、連帯保証人が、自己に対する原告の連絡や請求のあり方について不満を述べるなど）が記されているだけの場合には、裁判官は、原告に対して、被告に何らかの具体的な反論をする余地がある事案なのか否かを尋ね、その結果により、場合によっては弁論を終結して判決することもありうる。

もっとも、さらに続行期日を指定してほしい旨が答弁書に明確に記載されている場合には、訴訟引き延ばしの可能性が高いようなときを除けば、裁判官は、一度は続行期日を指定することが望ましい。

②　被告の主張が不明確であったり、裏づけとなる的確な証拠が存在しない場合

裁判官が、法廷で、被告の主張についてわかりやすく整理して確認し（法的に意味のある主張であれば整理したものを調書に記載する）、その上で、被告の主張が法的に無理なものであ

る場合には、「そのような主張を法的に意味があるものとして裁判で主張するのはなかなか難しいですよ」と、また、法的には成り立つが立証が相当に難しいものである場合（たとえば口頭で債務を免除されたといった主張など）には、「主張自体は理解できますが、そのような主張を立証するにはこのような証拠がなければ難しいですよ」と、説明する（被告の視点と理解力に合わせたていねいでわかりやすい説明が必要である）。

そうすると、多くの被告は納得し、次回までに弁護士に委任したいと述べるか、和解を求めるか、認否を「認める」と変更するか、あるいは、この段階で判決を受けることに異論はない旨を述べる。

もっとも、被告の主張にもそれなりに意味があり、立証の可能性もあるような場合には、裁判官が、弁護士への委任を勧めることもある。

被告が弁護士に委任したいと考える場合には、「弁護士を頼む場合には次回までにしますから、弁護士を探す期間を見込んで、次回期日は二か月くらい先に指定していただけませんか」と述べれば、多くの裁判官は聞き入れてくれるだろう。

ごくまれではあるが、被告本人が、その後出頭と不出頭を繰り返したり、不出頭のまま趣旨不明の（さまざまな不満を羅列した）書面を書記官宛てに送ってきたり、訴訟指揮に従わず法廷や準備手続室で大声を上げたり意味もなく反抗したりするなどの例がある。こうなると、裁判官としては、ともかく被告の言いたいことの大筋を押さえて調書に記載するなどし、原告に的確な立証をさせて終結するという進行を図るしかない。

このような場合、裁判官としては、毅然とした姿勢を示しつつも聞くべきことは聞くという姿勢、また、被告の理解力に合わせた訴訟指揮を心がける姿勢が必要である。

原告代理人は、おおむね裁判官についてゆくしかない。キャリアの短い裁判官の場合、被告に翻弄《ほんろう》されるときもあり、原告代理人としてはいらいらすることがあるかもしれないが、いたずらに強権的な訴訟指揮を求めても仕方がない。また、原告側が被告と直接感情的なやりとりを始めると法廷が混乱するばかりなので、淡々と対処することが必要である。

しかし、一方、被告の主張におよそ理由のない可能性が高い場合であっても、ともかく何事かを主張したいというそれなりに真摯《しんし》で懸命な姿勢がうかがわれるならば、裁判官は、審理自体はきちんと行うべきであろう。そうした事件で短時間のものではあるが人証調べまで行う例は意外に多い（ことに連帯保証契約の否認の例などに多い）。もっとも、審理さえ尽くせば、多くの場合事案は証拠上明白となるので、和解ができるし、判決するとしても簡潔なもので足りる。

③　被告が自身で積極的に相当の主張立証を行いうる場合

まれではあるが、こうした事案も存在する。

僕の経験では、交通事故の債務不存在確認の訴え（原告代理人は実質的には保険会社の代理人）の事案で、バイクを運転していた被告（ごく普通の若者）が乗用車を運転していた原告の過失相殺の主張（被害者である被告にも過失がありその割合は大きいから、これを原告の過失と比較した上で損害額について割合的な減額を行えば、すでに一部支払った金額を超えて被告に支払うべき損害賠償債務はないとの主張）、ことにその割合を具体的に細かく争い、判決では被告の主張を全面的に認めた例があった。

この事案では、書面、書証とも本人が誰の助言も得ないで作成していたが、内容的にみてもレヴェルが高く、平均的な修習生の水準には十分達していた（司法試験をめざしたら早期に合格できたかもしれない）。

このような例も存在するので、裁判官は、ともかく事件に予断をもつことは控えるべきなのである。


原告が本人の事案、あるいは双方当事者が本人の事案

原告本人訴訟については、かつては、問題のある例も多かった。しかし、あくまで僕が見聞きした範囲（退官時である二〇一二年までの首都圏の裁判所）のことであり、どこまで一般化できるかという問題はあるものの、二〇〇〇年代の後半以降、それまでとは状況が変化し、問題のある本人訴訟の割合は減少しているという印象があった。

具体的には、首都圏の裁判所では、いわゆる訴訟マニア的な人々はほとんどみかけなくなったし、裁判官にとって精神的な負担が大きく手間のかかる原告本人訴訟事案の数、割合も、以前に比べれば小さくなっていた。

これには、社会の変化により、ことにインターネット等から得られる情報が豊富になったために、簡単な事案（被告が本格的に争わない事案）であれば、一定の能力を備えた人々がみずから訴状や準備書面を作成することが可能、容易になったことが関係しているのだろう。また、司法書士の多くが右のような事案の文書作成業務を積極的に行うようになってきた、そうした業務に慣れてきた、という事情もあると思われる。

なお、被告だけに代理人がついている事案の割合は少ない。たとえば、原告の請求が訴訟マニア的な理不尽な内容のものである場合に、被告が、精神的な負担を避けたいとの観点もあって代理人を選任する、といった例が挙げられる。

双方に代理人がついている事案

① 早期和解事案

答弁書と被告第一準備書面、また双方から提出された証拠によって、大筋に争いがないかあるいは被告の主張に一見してかなり無理がある（常識的にみてそうしたことはありにくいか、法的にみて立ちにくい）と評価される事案であって、被告がその時点における和解勧告に応じる場合である。

被告の主張について「いかにも無理が大きいなあ」と思われる場合には、僕は、「被告はさらに本格的な主張立証をされますか。それともこの段階で話し合ってみますか」という趣旨のことを問うてみていた。「本人にも言い分があるようなので一応書面はまとめてみました」という程度の主張であるか否かは、この問いに対する代理人の反応でほぼ判断できる。

もっとも、ここでも、当初は無理であるようにみえたが、全容が明らかになってみるとそれなりの根拠を有する主張だったという場合もあるので、予断は禁物である。また、いずれにせよ、被告本人が争う姿勢を強く示している事案では、すぐに和解を行ってみても、スムーズに進行しないし、被告側の納得も得にくい。

② 早期判決事案

原告の請求に当初から無理が大きく、和解を勧めることもためらわれる（あるいは被告が明確に早期の判決を求めている）事案、逆に、被告にこれといった主張もないが和解もできないという事案については、早期に判決するのが適切であろう。

③　和解が相当ではあるが、争点整理と書証の提出までは一通り行ったほうがよい事案

これは、双方対席事件のかなりの部分を占めるものである。僕は、おおむね、合計四、五回以上の弁論（あるいは弁論準備）期日を経て当事者の基本的な主張や書証をほぼ一通り見た上で、和解に入ることが多かった。こうした事案については、審理期間も短く、半年ないし八か月、長くとも一年以内には和解で終局する例が多い。

④　本格的な争いがあり、当面は判決を念頭に置いて審理を進行させる事案

「争訟性の高い事件（本格的に争われる事件）」ということになる。③との相違は、事案の見方、とらえ方、争点の把握の仕方自体において当事者間に対立する（意見の一致をみない）部分のある例が多いことである。こうした食い違いを解消して基本的な枠組みについての見解の一致を図り、争点を明確に具体化し、これについての認識も共通にするための的確な訴訟指揮が必要となる。

本格的な対席判決は、多くがこの類型の事件について書かれることになる。実際には争点整理終了の時点における和解で終局する例も多いが、その場合でも、調整にやや時間がかかるのが普通だ。また、人証調べを含めた証拠調べがすべて終えられた時点で、裁判官の最終的な心証を踏まえて初めて和解に至る例も多い。

審理期間は、八か月から長くとも二年の間といったところであろうか。

第5章　争点整理の実際——裁判官の訴訟指揮の重要性

この章では、審理の進行と裁判官の心証形成はどのように関連しているのかを解説した上で、当事者双方の主張を裁判官が主導しながら行われる争点整理がどのように進行してゆくのかについて、できる限り具体的に解説する。

裁判官の「訴訟指揮」は審理のかなめになる裁判官の訴訟行為だ。そして、この訴訟指揮の能力が最も問われるのが、争点整理の段階なのである。

なお、「争点整理」については、「主張整理」といってもよいのだが、現行民事訴訟法は、双方当事者の主張が食い違う部分すなわち「争点」に重点を置いての主張整理という観点から「争点整理」という用語を用いているので、本書もこれに従っておく。

裁判官方向明示型争点整理

さて、裁判官は、前章で論じたような事件類型・進行のパターンないし方向性を念頭に置きながら個々の事件を振り分け、自分なりの審理計画を立てている。

「心証」という言葉は通常割合静態的に用いられる。典型的には、証拠調べをすべて終えた後の、判決に表明されることとなる口頭弁論終結時の心証を指していることが多い。しかし、一方では、たとえば、「心証に基づく和解」といった言葉もよく用いられるので、証拠調べが最終的な段階に至っていなくとも、暫定的な意味での心証というものを考えること自体は許されてきたものといえそうである。

いずれにせよ、第1章に記したとおり、日本の民事訴訟法は弁論（主張・争点整理）と証拠調べを截然と区別、分離してはいないから、書証は、最初から、またできる限り早期に提出される。このような訴訟の進行の中では、争いのある事件についても、三、四回ないしは長くとも七、八回までの期日の中で、裁判官は、事件の大筋についての暫定的な見通しをつけている（暫定的な意味での心証はとっている）ことが多い。

さて、この、「暫定的心証」について重要なのは、その暫定的・仮定的性格である。すなわち、それは、審理の進行についての計画を立て、争点整理を行い、あるいは和解を勧めるのに必要な限度での心証（それによってその後の審理の方向づけがされることに意味がある心証）であり、また、あくまでもその時点における仮のものだから、争点整理や書証等の取調べの進展、また、人証調べ（これは前記のとおり集中して行われる）に伴って、変わりうるものである。その意味では、争点整理手続は、人証調べ手続とともに、裁判官の心証形成過程の一環を成しているといえる。

そして、裁判官は、審理の進行をコントロールするに当たっては、常に、審理の最終着地点である判決を念頭に置いている。少なくとも、僕はそうだった。

具体的には、僕は、判決が適切かつ説得力をもって組み立てられるためにはどのような訴訟指揮を行ったらよいか、ことに、当事者の主張がどのように法的に構成されることが適切かを考えながら、当事者主張の事実、その法的構成、それらを裏づける証拠について、釈明、ことに法的な釈明を行っていた（民事訴訟手続では、通常の日本語とは異なり、事実やその法的構成について当事者に明らかにさせるよう促す裁判所の訴訟指揮のことを「釈明」とか、「釈明権の行使」などという）。

これを、審理に当たっての裁判官の心構えという観点からみると、その事件の法的な問題点を事実認定と法律論の両面について早期に把握し、その時点において裁判官が認識している実質的な争点とそれまでの主張立証に基づいた暫定的な心証を適宜示唆、開示できる状態になっていると、争点整理のスムーズな進行のために非常に有益であるということがいえる。このような審理のあり方を、僕は、「裁判官方向明示型（暫定的心証開示型）争点整理」と呼んでいる。

もっとも、これは、裁判官が常時心証を明確に開示していなければならないという趣旨ではない。そうではなく、裁判官が、適切な争点整理や釈明権行使の前提として、当事者の求めがあれば必要に応じこれを開示することができ、したがって、今後の審理の方向、主張立証の方向を明確に示唆することもできる状態となっている、そうしたあり方が望まれる、ということである。

実際には、こうした心証（ないしは事件の見通し）については、裁判官が明示的に開示しなくとも、的確な訴訟指揮を行っていれば、争点整理の過程でおのずから明らかになってくる場合が多い。

つまり、「適切な訴訟指揮の背後にはその裁判官なりの暫定的心証がある」ということだ。逆に、これを背後にもたない裁判官の訴訟指揮は、場当たり的で、時には重箱の隅をつつくような傾向が出、また、全体としてわかりにくい（その意図しているところが不明瞭な）ものになりやすい、ともいえる。

裁判官に求められる謙虚さ

以上をまとめると、裁判官は、常に、その事件が最後にたどり着くべき場所である判決を念頭に置きながら、訴訟指揮によって、当事者の主張立証活動を、それがたどり着く判決のかたちが明確になるような方向（心証が明らかになるような方向）へと少しずつ導いてゆくような訴訟指揮を行うべきであり、一方、当事者は、裁判官の心証を、みずからの考えるような判決のかたちへと導いてゆくような主張立証活動を行うべきだ、ということである。

つまり、判決こそが、争点整理や主張立証活動の遠近法の消失点《ヴァニッシングポイント》だということだ。

こうした、裁判官を真ん中にした双方当事者による綱引きの中から、事件の全貌が少しずつ姿を現してくることになる。

そして、その際、裁判官が常に念頭に置いておくべきことは、「謙虚さ」である。裁判官は、暫定的な心証をもつことは必要だが、自己の判断を過信しそれに縛られてしまうことのないように、主張立証の方向性によってはいつでも自己の心証を修正できるように、心がけていなければならない。

実際には、前章で論じた事件進行のパターンからも推測されるであろうように、裁判官の早期の心証がその後も動きにくい事件類型と、動きやすい事件類型とがある。

たとえば、僕の経験では、人証調べよりも前の時点で一応確からしいというレヴェルの心証がとれる事案は、争いのある事案の七割程度ではなかったかと考える（もっとも、若いころには、この割合はさらに低かった）。残りの三割は、人証をよく聴いてみなければ心証がとりにくい事案である。また、先の七割についても、人証調べを行ったら心証が反転したという事案は、大体一〇件に一件くらいはあったと思う（『民事訴訟実務・制度要論』〔日本評論社。以下、『要論』と略〕における記述を若干修正した）。

こうした点からみると、争いのある事案における人証調べの省略、つまり、争いのある事案について十分な人証調べを行わないまま（たとえば、必要性のありうる証人尋問の申立ての全部または一部を却下して）弁論を終結し判決を書くことは、好ましいやり方ではない。

第8章でもふれるとおり、近年の裁判官にはこうした人証軽視の傾向が強くなってきているといわれるが、それは、独断的な自己過信（「この事件は人証など聴かなくても明確な心証がすでにとれており、私のそのような判断に間違いはない」といったそれ）の結果というべきであり、適正な判断の要請という観点からみても、危険なことである。

争点整理の実際と法的釈明のあり方

争点整理の動的な性格が最も明確に現れるのは、法的構成が微妙な事案である。事例で説明したほうがわかりやすくかつ興味ももちやすいと思われるので、少し長くなるが、具体的な例を一つ挙げておきたい。

この事案は、端的にいえば、請求や請求原因の内容自体が訴状からは十分に明らかではなく（つまり、その特定や記載方法に問題がある）、また、事案の性格からいっても法的構成の適切な選択が相当に難しい事案である。こうした事案では、裁判官も、やや例外的なことにはなるが、通常よりはかなり前面に出た訴訟指揮を行わざるをえない。半面、争点整理のダイナミックな性格も、より際立ちやすいといえる。

事例3

事実関係の大要は次のようなものである（なお、実際の訴訟では、以下のような事実自体、提出される主張や書証により徐々に明らかになってゆくのだが、ここでは、その過程は省略し、大まかな事実関係自体は先に示してしまうこととする。実際には、この事案における原告の主張は、ことに最初のうちは、混沌としていて、以下の要約よりもはるかにわかりにくいものだった）。

原告は、広い交際を有し、一定の資力もある知識人だが、被告による「ある有名海外美術品の展覧会開催計画」に興味をもち、これに協力することとし、被告とその支援者らの集まりにも何度か参加した。

さて、被告はこの美術品をすでに日本に持ち込んでいたが、それは契約の関係で倉庫に保管され、「被告が美術品の権利者に相当額の金銭（謝礼）を支払えばこれが被告に渡されて展覧会が開催できる」との手はずになっていた。そして、そのような事情は原告も知っていた。

ある時、被告は、「実はあの件の倉庫代として四〇〇万円支払わなければならない状況なので、あなたも一五〇万円送ってくれないだろうか？」と原告に電話し、原告は、承知して、被告指定の口座にその金額を振り込んだ。

なお、被告は、この電話で、「倉庫代」と「被告が美術品の権利者に支払うべき先の金銭（謝礼）」との関係を明らかにしていないが、後記のとおり、原告は、「被告は美術品の権利者に支払うべき謝礼としての金銭についてはすでに支払ったのだが、その上でさらに倉庫代の精算が必要な状況にあるのだろう」と理解したようである。

それから二か月後、原告は、被告に対し、預かり証の発行を求めた。被告は、「倉庫代として一五〇万円の振込みがあったことを認める」旨の書面を原告に交付した。

さらに二か月後、原告は、前記の美術品がすでに海外に返されてしまったことを知って驚いた。そこで、被告に対して説明を求めたところ、被告は、「例の四〇〇万円はこれまでの倉庫代の精算のための費用であり、（私が謝礼を支払わなかったので）美術品はその後海外に送り返されてしまった」と答えた。

原告が「そういうことであれば、私が振り込んだ一五〇万円を返してほしい」と告げたところ、被告は、「この企画に関しては私も大損をしており、あなたに出していただいた倉庫代の一部を返すことはできない。あなたも、私同様、この企画を推進する立場にあった人間の一人なのであり、その点では私と同じことだ」と答えた。

（相当に怒った）原告は、被告に対し、一五〇万円の支払を求める訴えを提起した。

(1) 最初の争点整理期日の会話

（以下、ごく簡潔な会話に要約したため、裁判官のリードが実際

よりも前面に出る印象となっている。また、金額は小さめながら難しい事案のため、双方とも弁護士が代理している）

裁判官「原告の主張には、預託金返還、不当利得、債務不履行などさまざまな言葉が含まれていますが、訴訟物（審判の対象）は何なのでしょうね？」

被告「それがわからないと詳細な反論ができないです。今のようなよくわからない主張のままでは」

原告「うーん、難しいですね。みんなあるんですが……」

裁判官「貸金という構成はありえますか？」

原告「本人は、貸金とは思っていないのですね」

裁判官「債務不履行というのは、どういう意味においてなのでしょう？」

原告「原告にちゃんとした説明をしなかったとか、結局展覧会を開催しなかったとかいうことですね」

被告「そのような法的義務は、何を根拠にしているのですか？」

裁判官「確かに、債務の内容が不明確のようですね。そもそも、原被告間におけるどのような意思の合致の結果として、金銭が振り込まれたのでしょうか？」

原告「原告は、被告の趣旨に賛同してあくまで協力するつもりで振り込んだというだけなのです。法的な原因はない。だから、私は、不当利得というのが正しいのではないかと考えます」

裁判官「それでは、今日の議論を踏まえて、次回までに原告にさらに検討していただくことにしましょうか。とりあえず、準備書面の提出は控えて、お考えだけお聴きすることにしたいと思います」

(2) 第二回争点整理期日の会話

被告「不当利得ということなら、被告は、『不当利得ではない。出資契約に基づく出資である』という主張を出しますが、どうもしっくりこない。なぜ不当利得なのでしょうか？」

裁判官「そうですねえ……。そもそも、原告は、一五〇〇万円を返してもらうつもりだったのでしょうか？」

原告「もしも展覧会がちゃんと開催されれば、あえて法的な手段を用いてまで返還を求めることはしなかったでしょうね。『展覧会で利益が上がったらそこから返してもらえばよい』という程度の気持ちだったのでしょう。

要するに、原告の言い分は、『十分な説明のないままに一五〇〇万円を振り込まされた。自分としては、その際の被告の言葉について、謝礼はすでに支払っており、したがって、倉庫から美術品が出せれば展覧会が開けるから倉庫代の不足金について協力してくださいというお願いと解釈してお金を振り込んだのに、だまされた』ということなのです」

裁判官「それなら、むしろ負担ないし条件付の贈与ですか？　あるいは詐欺？」

原告「そうそう、そのほうが当たっていますね。負担付・条件付贈与、詐欺、錯誤……」

被告「私も、そのような主張のほうが原告の主張する紛争の実態には合っていると思います。ですから、議論の方向自体に異論はありませんが、ともかく法律構成をきっちり決めてください」

裁判官「被告のお考えはどうなのでしょうか？」

被告「私としては、今のところは、出資あるいは単純な贈与と考えています」

裁判官「原告が基本的に贈与の線にまとめられるなら、負担付、条件付である、あるいは、贈与について詐欺、錯誤（民法九五条。表示された意思と内心の意思の不一致、また、法律行為を行うについての前提事情の認識の誤り）があった、などの主張が考えられるでしょうけれども、証拠関係をよく検討し、なるべく具体的事実を踏まえたかっちりした主張として、準備書面にまとめてみてください」

原告「了解いたしました」

(3) 第三回争点整理期日の会話

原告「原告の主張をまとめ直した準備書面を提出します」

被告「まだ、この点とこの点（具体的に指摘）があいまいだと思うのですが」

裁判官「それでは、私のほうで骨子を整理してみましょう。

一次的主張――原告が行った贈与は、被告がすみやかに国内で展覧会を開催するとの負担を伴った贈与であったが、右の負担は履行されなかったものである。

二次的主張――原告が行った贈与は、原告が、短期間のうちに展覧会が開催されるとの被告の説明を信じ、そのために用いる金員と限定して行ったものである。しかしながら、被告は、右金員を倉庫代の精算に用い、美術品は海外に返されるに任せたのである。以上は、動機の錯誤あるいは詐欺を構成する。

骨子は、こんなところでよろしいでしょうか？」

原告「そのとおりです」

被告「私も、それで了解いたしました」

裁判官「それでは、以上を、『本日付け準備書面における原告の主張の骨子』として調書の別紙に記載しておきます。これに対する被告の主張はどうなりますか？」

被告「大体こういうところです（口頭で概要を述べる）」

裁判官「『被告主張の骨子』として調書の別紙に記載しておいてもいいでしょうか？」

被告「はい。お願いします」

裁判官「では、とりあえず簡単に整理しておきます。

原告の主張はすべて争う。本件金員は、展覧会の共同開催予定者である原告から受けた出資であるから、精算の義務はない。また、仮に原告が共同開催予定者でないとしても、単純な贈与を受けたにすぎないものである。以上のとおりであるから、錯誤、詐欺の事実もない」

被告「はい。それで結構です」

裁判官「それでは、双方とも、後にファクシミリで送付する調書の別紙を参考に、書証の評価をも含めたまとめの準備書面を書いてみてください。人証調べ前の和解は難しいようなので、同時に人証申請もしてください」

(4)　第四回争点整理期日の会話

裁判官「双方の準備書面を拝見しました。大体かみ合っていると思います。なお、各主張についての要件事実的な整理と証明責任の負担の概要は、おおむねこんなところですかね（ごく簡単に確認）。それから、原告は、負担付贈与の関係では、本日解除するということでいいでしょうか？」

原告「忘れていました。すみません。調書に記載してください」

被告「異議ありません」

⑸　事件の結末

現実の事件では、裁判官は、人証調べの前から被告が相当額を支払う和解を勧めていた（負担付贈与の負担の不履行により贈与を解除するという原告の主張は十分認められるという心証をもっていたからである）。

被告代理人はその方向についてそれなりに納得していたが、被告本人を説得できなかった（なお、被告は、資力にもきわめて乏しいようであった）。

人証調べの後、裁判官が、原告側に対し、「原告の言い分はほぼ立証されたと思うが、残念ながら、被告は、かなり資力に乏しいようです、どうしますか？（判決にしますか、それとも何らかの和解にしますか？）」と告げると、原告本人は、次のように答えた。

「これまでの審理、ことに証拠調べ（人証調べ）で事実関係が明確にされたと思います。ですから、自分としては、後は、被告に謝罪をしてもらえばそれで結構です。実は、被告に金がないだろうことはわかっていました。しらを切るから、白黒をはっきりさせるために訴えを提起したのです。和解が成立したら、私自身が、その和解調書を持参の上、この展覧会開催のために協力を求めて迷惑をかけた人たちに説明をしてまわるつもりです」

裁判官は、「被告は、原告に対し、本件展覧会の趣旨、開催等の関係について、ことに開催が不能となったことについて、すみやかに適切な説明を行わず、迷惑をかけたことを謝罪する」との条項を双方に提示、双方とも承諾して、和解が成立した。

裁判は、「終わりさえすればよい」というものではない

いかがであろうか？

この事案は、実際には、当初は法的構成のみならず事実関係もかなりあいまいであったために、手探りで議論しながら法的構成を整理してゆく傾向がことに強かったのだが、どの事件でも、これほどはっきりとしたかたちではないにせよ、同様の議論の応酬、裁判官による整序は多かれ少なかれ行われている（主張があいまいな場合に適宜その骨子をまとめながら確認し、調書にも記載してゆくのは、僕の場合の特徴かとは思うが）。そのような応酬が、おそらく、争点整理の核心部分なのではないかと考える。

なお、訴訟があまり好きではない日本人があえて訴えを提起する背景には、この原告のように「白黒をはっきりさせたい」という強い気持ちのあることが多い。そのような場合、事実関係をはっきりさせないままのあいまいな和解では、たとえ多少の金銭を手にしたとしても、原告は、司法と裁判にひどく失望するであろう。

この事案でも、原告は、勝訴判決をもらえることを確信したからこそ、あえてそこまでのこと（被告を決定的に傷つける結果になる）は求めず、「裁判所の和解できちんと謝罪してもらえばそれでよい」と言えたのだと思う。

こうした点は、裁判官のみならず、弁護士や学者も留意しておくべきところである。訴訟は、「終わりさえすればよい」というものではない。

さて、ここで一つ重要なことを付け加えておくと、僕自身は、裁判官が行う法的釈明については、この事案のようにそもそも当初から原告の主張が定まらず双方当事者も裁判官の釈明を期待している場合にはかなり踏み込んでもよいが、訴訟が相当程度進行した後には謙抑的《けんよくてき》であるべきだ、と考えている（詳細については、瀬木『民事訴訟法』の項目［273］参照）。

この点については、現在の学説の多数は法的釈明を無制限に広く許す見解を採るのだが、僕がこれに反対する理由は、訴訟が相当程度進行した後に裁判官がドラスティックな法的釈明（当事者がおよそ思ってもみなかったような法的構成の提示）を行うと、それによって、訴訟の帰趨《きすう》、ひいては勝ち負けまでが変わってしまうことがあり、また、そうした法的釈明については、実は裁判官の思い込みが強いことも多く、いずれにしても公平を欠く結果を招きやすいからである。

また、訴訟が相当程度進行した後には右のような極端な法的釈明は避けるというのが、昔から、良識ある裁判官の常識でもあった。

なお、このように、日本の民事訴訟法学者の多くが実務をあまり知らずその感覚がないことから生じやすい学説上の問題点についても、先の教科書では、適宜ふれている。

「池ぽちゃ」、「池どぼ」裁判官――難しい訴訟指揮

争点整理をリードするのは、前記のとおり、裁判官の訴訟指揮である。その中でも、やはり先にもふれた、事実の主張立証やその法的構成に関する裁判官の「釈明権の行使」が重要になる。弁護士だけが優秀であっても、裁判官がその事案の性格や本質を見極める目をもち、適切な訴訟指揮や釈明権の行使ができないと、争点整理、審理は漂流する。その意味で、民事裁判官には、単独体事件であっても、本来は、相当に高い能力が要求される。

こうした点に問題があり、適切な訴訟指揮のできない裁判官のことを、弁護士の好きな娯楽の一つであるゴルフにたとえて、「池ぽちゃ裁判官」と呼んだ弁護士たちがいた。うまいたとえだが、一方、後に第14章で論じるとおり、弁護士等の経験者が裁判官となる法曹一元制度の本格的採用ともなれば、「池ぽちゃ裁判官」を出さない責任は基本的に弁護士たちが負うことになるという事実をも、認識しておく必要があるだろう。

なお、キャリアシステムによる裁判官の質はといえば、弁護士の人気が高まったバブル経済の時代以来、その下限が下がり、その後回復していないことは、一つの問題である。もちろん、裁判官志望者の上位層には少なくとも知的能力の高い人々、いわゆる優等生が集まるのはどの国でも同様だが、その割合も、かつてに比べれば、いくぶん減ってきているだろう。

また、最も優秀、最も性格のすぐれた、最も視野の広いなどの人々が、必ずしも（というより、さらに正確にいえば、そのような人々のほとんどが）最上位の裁判官になってゆかないという傾向は、残念ながら、日本の場合には相当に顕著であり、先進諸国の中ではかなり目立っているのも事実だと思う。

本題に戻ると、かつては、民事で満足な訴訟指揮ができず判決も書けない裁判官は、難しい事件の割合が相対的に小さい（と一般的に考えられている）刑事や家庭裁判所にまわされる傾向が強かった（その典型例については、『黒い巨塔』のエピソードとしても描いている）が、刑事系の維持・強化を目的とした刑事系トップ裁判官たちの裁判員制度導入賛成への方向転換と同制度導入（『絶望』参照）、また、利用者の批判が強まっている家裁をてこ入れする必要性等から、近年は、そのような調整もできにくくなってきていると思われる。

その半面として、民事系裁判官については、中位層以下の能力的劣化が目立つ結果となっており、弁護士たちの話では、「池ぽちゃ」のレヴェルをさらに割った「池どぼ裁判官」の例も出てきているようだ（難しい事件でこうした裁判官に当たると、弁護士たちは、「さあ大変」ということになる）。

しかし、いずれにしても、適切な訴訟指揮というのは、難しいものである。そのことには間違いがない。民事事件の適切な解決という目的との関係で裁判官の役割が重要であることについても同様だ。

「弁論兼和解」の弊害——争点整理の手続について

最後に、争点整理をどのようなかたちで、どのような手続・期日で行うかについては、現行民事訴訟法（一九九八年施行）が争点整理のための手続（実際に使われるのはそのうち「弁論準備手続」が大半）を設けたことから、最高裁およびその事務総局は「争点整理はもっぱら弁論準備手続によって行うべき」との方針を掲げている（だから、僕の、「口頭弁論充実型訴訟運営」を強調する論文は、裁判官の精神衛生に関する裁判所の無策を婉曲についた論文「法律家の精神衛生についての一考察」とともに、僕が、最高裁やその意を受けた人々から排斥される原因の一つとなった）。

しかし、弁論準備手続は、弁論準備室で行われる基本的に非公開・密室の手続である

（透明性に限界がある）上に、非常に時間がかかりやすい。

また、「争点整理はもっぱら弁論準備手続によって行うべき」との方針は、裏を返せば、公開の口頭弁論ではただその結果を報告するだけでただちに人証調べに入ってゆくことになるという点からも、問題がある（口頭弁論を公開の手続で行うことの意味が、ほとんどなくなってしまう）。

さらに、これはその例が非常に多いのだが、弁論準備手続の中で、あるいはこれに接した時間帯に和解を行う（前記のとおり、和解は訴訟のいかなる段階でもできる〔法八九条〕）場合には、現行法以前の旧法時代の実務で問題となっていた「弁論兼和解」（裁判官が、和解室〔つまり密室〕で、当事者の一方ずつと面接するかたちの和解を適宜織り交ぜながら双方または一方から当事者の主張を聴く「事実上の弁論」をやってしまう。著しく透明性を欠き、裁判公開の原則を侵す結果をもたらしやすい）の弊害が再燃しかねない。

だから、実際には、現行民事訴訟法の下でも、多くのヴェテラン裁判官は、口頭弁論における主張整理と弁論準備手続を適宜使い分けており、僕は、その中でも、口頭弁論における主張整理を本則として重視する志向の強い裁判官だった。

具体的には、僕は、通常の口頭弁論期日（相当数の事件が一〇分から一五分ごとに指定されるものの、その中には第4章に記した調書判決事案等単純な事件も相当に含まれるため、争いのある事件には相当の時間をさくことが可能）をやや長めにとり、そこで基本的な準備書面の提出と陳述はすませてもらった上で、難しい事件についてのみ、集中的な弁論準備手続を一回から数回行い、そこで、双方の主張を正確に整理し、かつ弁論準備手続の調書にもまとめていた。また、簡単な事件については、口頭弁論だけで争点整理をすませることも多かった（その場合にも、争点整理上重要な事項は口頭弁論調書に記載していた。なお、調書の作成者は書記官なので、先のような記載事項については、口頭で整理して書記官に書き取らせることになる）。もっとも、双方の弁護士が弁論準備手続を求める場合には、すみやかにそれに応じていた。

右のような争点整理の方法は、相当の事前準備と一定の能力を必要とするが、機能的かつ合理的であったことは間違いがないと思うし、また、前記のとおり、多くのヴェテラン裁判官も、僕の場合ほど自覚的にではないとしても、ほぼ同様のかたちで争点整理を行っていた。

さて、このように、相当の合理性と根拠のある方法についての「論文」を発表しただけでも排斥され非難される日本の裁判所のあり方を、僕は、「かつての問題のある共産主義国家にも近いような種類の精神的統制を行っており、それに応じた自己規制も強い」と批判したわけだが、はたして、そのような指摘は、偏狭かつ客観性を欠いたものだったのであろうか？　読者の賢明な御判断にお任せしたい。

第6章　事件を「読む」——事案の的確な把握

この章では、主として「弁護士の視点」（本人訴訟の場合には当事者本人の視点となる）を中心に、適切な主張立証を行うための前提条件として、「どのように事案を把握してゆくべきか」について解説する。これは、より広くいえば、「自分を含む大きな状況を客観的に把握する技術」の一例でもある。

また、右のような解説の過程で、随時、弁護士に委任している当事者本人が留意しておくべき事柄についても記す。この点は、準備書面に関する次の第7章でも同様である。

当事者本人が事案について弁護士に説明し、また、訴訟の経過について弁護士から話を聴く際に、先のような「弁護士の視点」を知っておかないと、うまくコミュニケーションがとれなかったり、弁護士の行っている仕事の的確な評価ができなかったりして、それが、訴訟の結果（判決、和解）についてもマイナスに響いてゆくことになりやすい。その点に注意しながらお読みいただきたい。

弁護士は、どのように事案を把握してゆくのか？

弁護士の仕事は、どの段階でも、まずは当事者本人の話を聴くことから始まる。ことに、初期の聴き取りは重要だ。そして、その際に弁護士が気をつけておくべきなのは、以下の三つの事柄である。

①当事者の話は、全体として、大筋で、納得できるものか？

これは、僕が実務から学んだ物事のとらえ方の中で、ことに有効なものの一つだ。微細な部分はともかく重要な部分の納得できる話、大筋において正しいと思われる話は、信用性が高い。一方、細部にこだわって相手方の揚げ足を取り、悪口を言うことは、本当に誰にでもできる。インターネットの書き込み類をいくらか読めばわかることだ。

なお、準備書面についても同様の相違はあり、前者のようなそれは説得力が高いが、後者のようなそれは説得力に乏しい。ところが、当事者本人にみずからを客観的に見詰める目がないと、往々にして、後者について「こんな準備書面を書いてほしかった。この先生、わかってるねえ」という感想になり、負けてしまってから呆然、そして、弁護士に対する感情も反転して、「調子のいいことばかり書きやがって、とんでもない三百代言だった」といったことになりやすいのだ。

②書証、ことに客観的な書証との整合性は取れているか？

書証、ことに客観的な書証は、動かすことのきわめて難しい重要な証拠である。したがって、当事者の供述とそれらとの間の整合性も重要だ。この整合性が高い事案は勝訴の可能性も高い。一方、その間に食い違いがある場合には、なぜ食い違いがあるのかについて、合理的かつ説得力のある説明が必要だ。弁護士がこうした食い違いに気づいて当事者であるあなたにその理由を詳しく尋ねる場合には、いつもより客観的かつ冷静に自分を見詰めて、正確に答える必要がある。相手方の弁護士は、必ずそこを突いてくるからだ。

③ 当事者本人が積極的にふれたがらない部分や欠落部分、あるいは相互に矛盾している部分はないか？

第2章でもふれたとおり、当事者は、自分に都合の悪いことには積極的にふれたがらず、隠したがる。また、みずからの主張のうち矛盾している部分を突かれるのをいやがる。これも、いわば「人間の自然」である。

しかし、訴訟では、こうした部分を弁護士に話さないでおくと、相手方から法廷で鋭く追及されて窮地におちいり、裁判官に大変悪い心証を抱かせる結果になる。よい弁護士は、こうした部分についてこそ、あなたに詳しく問いかけておくものなのだ。

以上、ことに、②、③の点からも明らかなように、まさに「良薬は口に苦し」なのであって、よい弁護士は、あなたがあまり考えたくないことや尋ねられたくないことについても、淡々と尋ね、かつ辛抱強くあなたの話を聴きながら、訴訟の構想を立て、戦略を練ってゆくものなのである。したがって、こうした質問に気分を害してしまうようでは、難しい事件の勝訴は望みにくい。

弁護士（および当事者本人）がとってみるべき三つの視点

第14章でもふれるとおり、日本の弁護士は、自分や同僚が裁判官になるという経験、感覚がほとんどなく、それを想像してみる機会もないことから、視野の狭くなっている部分が、いろいろある。これは、個人の能力の問題ではなく、集団全体の一種の「法的リテラシー・経験」の問題なのである。

その一つに、自由な視点の移動ができにくいということがある。

この点につき、僕は、「弁護士が時にはとってみるべき三つの視点」を提示してみたい。

① 第一の視点は、「裁判官が事件をみる視点」である。

裁判官の立場、また裁判官席から自分の事件をみたら、どういう類型の、どういう傾向・争点の事件にみえるのだろうか、審理の方針はどのように立てているのだろうか、ということだ。もちろん、弁護士は、常に、裁判官の考えていることや現在の心証を知ろうと必死になっている。しかし、残念ながら、多くの場合、それは、あくまで、弁護士席、一方当事者の視点からの推測にすぎず、「想像力を羽ばたかせて自分を裁判官の位置に置いてみた上でそこからみえる景色を検討する」というようにはなっていない。だから、憶測や誤りが多くなる。

かつて、司法試験が現代の科挙といわれ、大学四年生の合格者が数十名であったころの現役合格者（僕もその一人だった）が必ずしていたことの一つに、過去の論文式試験問題のすべてを徹底的に分析し、今年の出題分野や論点を推測する、ということがあった。

一方では私学中心に何年間も受験のための教育を受けながら受験を重ねてきた多数の学生がいる中で、主要科目以外は講義すら十分に聴いていない（当時は、これらの授業に出席していたら受験準備の時間がなくなり、まず現役では合格できなかった）現役生が彼らと競い合うには、知識の量や受験技術では無理なのだから、大筋が正しくかつ創造性のある答案を書くこと、また、徹底的にヤマを張ってそれを当てることくらいしか、方法はなかったのである。

一般的には、ヤマを張るのは下品でいけないこととされているが、それは、ろくに勉強もしないままいい加減にヤマを張るからであって、全分野をきちんと勉強した上で、何日かの間、「出題者の視点」に立って徹底的な分析を行い、今年の出題分野や論点、さらには具体的な問題の問い方を予測するのは、法律家としての資質にも十分に関係する、高度な知的作業なのである。僕は一二問中三問当てた（二問はおおむね正面から、一問は一定部分で）が、ほかの現役合格生たちから聞いたところでも、おおむね似たようなものだったと記憶している。

さて、注意してほしいのは、ここで、僕が、「受験生の視点」からする憶測としてのヤマ張りではなく、「出題者の視点」に立った上での過去問の徹底的な客観的分析を行ったことだ。弁護士も、同様に、自分の視点を本当に裁判官の視点に移してみることができれば、事案をより客観的にとらえることの可能な「もう一つの有益な視点」を確保できるし、裁判官の心証もより客観的に推測できるはずである。

② 第二の視点は、いわば、「鳥の視点」である。

これは、僕が、裁判をしながら、時々、半ば無意識的にとってみていた視点だ。人文・社会科学（ひいては自然科学）、また文学等芸術の研究や批評においてとられる視点に近いものといってもよい。ある意味で非常に醒めた目で、遠い距離から、訴訟とその背後にある紛争の全体を見詰めてみる。裁判官にとっては、これは、自分自身の視点を相対化する上でも、当事者の視点に移行する際の「つなぎ」としても有用なのである。

最後の「つなぎ」という点については、一羽の鳥が、スタジアムの中央から飛び立ち、上昇したところで、今度はスタジアムの右側か左側に降り立つところを想像してみてほしい。この、スタジアムから高く飛び立った鳥の視点が、第二の視点、いわば「比喩的な意味での観察者・認識者の視点」なのである。そして、①でもふれたことだが、こうした意味での翼、想像力という翼があると、法律家の仕事はよりやりやすくなるし、その緻密さ、説得力も増すのではないかと考える。

修習生の事実認定能力は平均的な新任判事補と比べてもかなり落ちるのが普通だ。しかし、それでも、多くの事件では、少なくともいずれが優勢かというおおざっぱな選択については、そんなに間違えない。間違えるのは、内容が複雑で判断の微妙な事件の場合であり、それは、僕のみるところでは、（ⅰ）いずれの主張を読んでも正しいように思えて判断の糸口が見つけられない、（ⅱ）書証の評価、ことに重要な書証の選択とその複合的な意味づけができない、ということによるように思われた。

そして、（ⅱ）の点は経験によって向上する実務的な分析能力の問題だから仕方がないとしても、修習生の場合、（ⅰ）の点は、相当能力の高い人でも弱い場合があるのだ。これには、先の「鳥の視点」がとれていないことが大きな原因となっている場合が多い。

要するに、原告の主張を読むときには、スタジアムの原告側のあたりを非常に低い視点でなめるように飛びまわっている。目の前にある鉄パイプが椅子の足であることすらよく見えておらず、「硬くて光った円筒状の棒ないし筒がある」といった印象で微視的にとらえている。そして、被告の主張を読むときには、今度は被告側の頭の後ろにいて、「目の前に黒色の繊維状の堆積がある」といった印象を抱く。

これは、いわば、「鳥の視点」ならぬ、地面からあまり高くは飛び上がれないような「虫の視点」であり、これでは、スタジアムの状況の全貌を把握することなど、およそ難しい。

以上のような比喩を用いて意識的に「鳥の視点」の重要性を修習生に指摘すると、それだけでも、事件をみる目が飛躍的に向上することがある。

また、原告本人訴訟の原告についてみると、平均レヴェル以上の知力、理解力を有するはずの人であってもなお「自分の視点」を一歩たりとも動かすことのできない例が、相当に多かった。こうしたところにも、原告本人訴訟（「自分」で「自分」の事件を取り扱うこと）の一つの難しさがあるのだ（法律家でも、自分自身が当事者になる事件については弁護士を頼むことが多い理由の一つも、ここにある）。

③　最後に、第三の視点は、「相手方の視点」である。

もっとも、ここでいう、「相手方の視点から事実をみること」は、「相手方の身になって事実をみること」とは異なる。裁判官は、時には、ことに和解においては、「当事者の身になって事実をみること」が必要だが、当事者どうしの間では、そこまでのことは要求されない。しかし、当事者も、「相手方の視点から事実をみること」は絶対に必要だ。能力としてはかなり高いものをもっているにもかかわらず主張立証が今一つきいてこない弁護士は、この視点が獲得できていないことが多い。

この点については、古い言葉になるが、「彼を知り己《おのれ》を知れば百戦殆《あや》うからず」という孫子の言葉が、ぴったりと当てはまる。「彼（敵）を知る」ことのうちには、「敵からみた自分の姿」あるいは「裁判官の姿」を知ることも含まれていよう。

そして、これはまた、「言うは易《やす》く、行うは難《かた》い」事柄でもある。相手方の視点から事案、事実をみることができていればそうはならないはずなのだが、実際には、相手方の主張を客観的に理解していないためにそれに対する反論が的確にできていない準備書面の例は、少なくない。

自己の正当性を主張することに急で、自己の弱点をよくみていないし、相手方の急所も押さえていない。相手方の主張に対する揚げ足取りが多くなり、簡潔に反論すればよいところで言葉を浪費し、全体の論調が非常にエキセントリックになってくる。居丈高な表現、あるいは罵詈雑言や中傷に近い言葉が混じり始めたら、それは、自己の主張が弱いことの反映である場合が多い（実生活においても、愚かな人やインフェリオリティー・コンプレックスの強い人ほど、揚げ足取り、また、我を忘れた中傷や罵詈雑言に走りやすいものだ）。

そうではなく、まずは、スタジアムの反対側まで飛んでいって、自分の陣営がどのようにみえるかをよくよく観察してみることが大切なのである。そうすると、相手方の主張の根拠と自己の側の主張の弱点とが、明瞭に認識できるはずだ。それからおもむろに自分の側に引き返してきて、的確な反論をすればよい。

相手方の視点をも踏まえての有効な反論は、（i）相手方の主張を的確簡潔にまとめ、

（ii）その根拠としている証拠にも簡潔に言及し、その上で、（iii）自己の側の証拠によれば、あるいは客観的な分析によれば、相手方の主張は立たないことを論証する、という順序で行うと効果的である。そして、基本的には、自己の側からみた事実のあり方やストーリーを中心にして説明することが重要だ。つまり、（i）、（ii）は正確なら簡潔でよく、（iii）が核心なのだ（ところが、実際には、（i）、（ii）の部分からしてすでに自分の側に都合よくねじ曲げられている例がかなりあり、それでは、（iii）の部分も到底説得力のあるものにはならない）。

さて、「弁護士がとってみるべき三つの視点」について論じたこの項目は、一次的には弁護士にとって役立つ示唆ということになるのだが、実は、当事者本人にとっても、同じことがいえる。もちろん、紛争の当事者である人間がこの視点の移動を行うのは、相当に難しい。しかし、弁護士がそれを行うために必要な情報を提供して弁護士に協力する、あるいは、少なくとも、弁護士がそれを行うのを妨げるような言動をとらない、ということまでならできるはずだ。

いいかえれば、自分の弱点や相手方に有利な点の話になるとたちまち感情的になり、「先生は一体どっちの味方なんですか？」と大声を上げるようなタイプの人は、優秀な弁護士からは敬遠されがちだし、訴訟にも勝ちにくい、ということである。

何度も繰り返すが、「近代の民事訴訟システムというものは、当然のことながら、冷厳な近代的リアリズムの上に成り立っている」、「そして、冷厳な近代的リアリズムというものは、実は、いわゆる知識人をも含め、日本人には意外になじみの薄い思考の方法なのだ」ということを御理解いただきたいのである（分野は異なるが、先の戦争とその敗北、また占領時代についての同時代日本人の反応、あるいは二〇一一年の原発過酷事故とその後の原発再稼働に対する日本人の反応についても、透徹したリアリズムの不足を感じさせる側面があるのではないか。少なくとも、僕は、そう考えている）。

「主観的確信」の客観的検証

弁護士の主張については、主観的確信の検証も非常に重要である。

これはまた、誠実で熱心な弁護士の落とし穴になりやすい事柄でもある。

やはり、能力としてはかなり高いにもかかわらず主張立証が一面的な弁護士は、この検証の弱いことが多い。自分がいったん信頼関係を結んだ依頼者の主張の弱点や問題点が一切みえなくなってしまいやすいのである。裁判官からみると（実は修習生や書記官からみても同様なのだが）、「これだけの準備書面が書けながら、どうして自分の依頼者のことだけはみえないのかねえ」という感想になる。

また、「主観的確信は、訴訟という対立的な状況においては相手方はもちろん裁判官にも伝えることができにくいものである」ということも、認識しておくべきだろう。

たとえば、弁護士が、和解の席で、証拠に基づかずに、また、これといった客観的根拠もなく、「この人は絶対信頼できる、私は、一途にそう確信しているのです。ですから彼の言っていることは真実であり、当方の主張が全面的に正しいのです」と熱意をもって裁判官に訴えたとしても、「おお、そうですね。それじゃさっそくその線で相手方を説得してみましょう」ということになるはずはないであろう（そうは思われませんか？）。

そうではなく、せめて、こうした事実が、たとえ訴訟外の事柄であったとしても存在したから信頼できるのです、というのならまだしもだが（しかし、いずれにせよ、裁判官がある程度理解したとしても、相手方には非常に伝わりにくい事柄であろう）。

実は、この点も、日本人の弱点の一つなのだ。主観的確信に弱い人々、すなわち、「みずからが確たる根拠もなく主観的確信を抱いてしまう可能性に関する自覚の弱い人々」、また、「主観的確信を抱いている人の言葉を確たる根拠もなく信じてしまいやすい人々」の割合が、欧米先進諸国の平均よりはかなり高いのではないかと思う。

具体的には、「根拠を問うこと自体が相手を疑うことであるから根拠は問いませんでした。契約書を作ること（極端な場合は領収書をもらうこと）自体が相手を疑うことであるから契約書は作りませんでした（領収書ももらいませんでした）。私の主観かもしれませんが相手を信頼できると思っていましたから」といった言葉が、未だに平気で出てくる。

しかし、長年の民事裁判官としての経験から、僕は、こうした言葉の多くは疑わしいものと考えている。証拠上認定されるそのほかの行動においてもずさんで、記憶も正確ではなく、供述は非常にあいまいで自己弁護的、そして、自己には甘い反面相手の欠点は決して見逃さない、そうしたタイプの人が先のようなことを言う場合のほうが、誠実な人が言う場合よりも、割合としてはずっと大きいのだ。

なお、本当に誠実な人がだまされた場合には、右の「そのほかの行動においてもずさんで、記憶も正確ではなく、自己には甘いが相手の欠点は見逃さない」といった要素はほとんど否定されるので、両者の区別は、証拠上もちゃんとつくのである。

もっとも、こう書いても、僕は、弁護士に、「依頼者を信頼するな」といっているわけではない。信頼しない依頼者のために仕事はできないだろう。ただ、「信頼関係に基づいた本人寄りの視点とともに、醒めた視点、複合的な視点をも併せもっていないと、すぐれた主張立証活動はなかなかできませんよ」ということをいいたいだけなのだ。

つまり、「主観的確信は、心の別の場所で常に客観的に検証されていなければならない」ということである。これも、当事者本人についても同様にいえることだ。

第７章　効果的な主張・準備書面とは

――説得力のある主張にするために

この章では、効果的な主張の組み立て方、効果的な準備書面の作成方法について解説する。主として弁護士を念頭に置くが、当事者本人による訴訟でも同じことがいえる。

また、弁護士に委任した当事者本人の視点からこれをみるなら、「自分の側と相手方の準備書面をどのように読んだらよいのかについての基本的解説」ということになる。

なお、本章の記述は、「論理的文章作成の要諦、説得力のあるプレゼンテーション書面作成の要諦」にもなっていると考えるので、やや詳しめにした。そうした広い視野から読んでいただければ、誰にでも参考になる部分があると思う。

効果的な主張のために――主張のあり方の基本

以下、まず、一般的な主張のあり方の基本について説明を行い、その上で、次の項目では、具体的な準備書面作成の要諦について解説する。いずれについても、わかりやすいように箇条書きで記してゆこう。

①個々の主張（いわゆる「攻撃防御方法」。たとえば、詐欺、錯誤、相殺、あるいは権利濫用、信義則違反等のそれ）**は、数行、長くとも一〇行から二〇行程度までには要約できるものであること**

端的にいえば、まともな主張ならこの長さで要約できるはずであり（裁判官が判決に主張の内容を要約する場合のことを考えるなら、このことはおのずから明らかだろう）、その要約を正確に主張の冒頭に掲げることができれば、裁判官、相手方に与える印象も鮮明で、争点整理がスムーズに進むということである。

権利濫用、信義則違反、公序良俗違反等のいわゆる一般条項（包括的で価値的な言葉によって内容が定義される条項。こうした条項に基づく主張には、的確な具体性が要求される）に分類される主張であっても、その要点自体は先の範囲にまとめられるはずであり、それ以外の通常の主張であれば、より短く、基本的に数行で、要約できるはずである。

時々、裁判官が（もちろん相手方当事者も）いくらこれを求めても、当事者（弁護士）が応じてくれない場合がある。「そんなに簡単に要約できない」というのである。しかし、こうした場合、そのような主張は、実は、実質的に「主張自体失当」である（法的にみて意味のある主張として成り立たない主張を、このようにいう）かそれに近いものであることが、かなり多い。

僕は、裁判官時代、こうした場合には、それが重要な主張（と当事者がみているもの）である場合には、なるべく法的な主張として成り立つように整理し、場合によってはこちらで趣旨をそのようにまとめて調書に記載していた（第5章の**事例3**における裁判官の主張整理方法を思い出してみてほしい。もっとも、**事例3**の主張は、整理しさえすれば法的に問題なく成り立つものである)。

しかし、そんなに苦労して拾い上げても、まだ、「ここが違う、あそこが違う」とだだをこねるに近い応答をする弁護士も、まれにはいたものだ(なお、相手方は、前から、「主張自体失当。法律論になっていない」と繰り返し主張しているのである)。これは、第14章でふれる、日本の弁護士のうち「相対的な低レヴェル層の裁判官依存傾向」の一例なのである。

そういう場合には、仕方がないから、弁護士の意見のうち法的に成り立ちうる部分を汲みながらさらに修正して、調書の別紙に記載し、双方に配ることとなる。しかし、こうした主張がなお脆弱《ぜいじゃく》なものである場合が多いことは、間違いがない。

以上のことを別の角度からみれば、「自己の主張を前記の長さに正確かつ的確に整理してみれば、その主張の強さは、それをみただけでもかなり明らかになる」ということもいえる。きわめて理解しにくい主張は、それを支持するに足りる証拠にも乏しいことが多いものだ。

なお、判決についても同じことがいえる。だらだら書き流すばかりで書いていることのテーマをきちんと把握、要約できていない判決は、弱いことが多い。

② 論理的に記述されていること、最小限の論理的順序を守っていること

主張が論理的に記述されうるものか否かについては、前記のような要約を最初に掲げることができるか否かのテストで、基本的に検証できる。そして、実際の記述に当たっては、法的主張は論理の積み重ねなのだから、その流れが精密に追ってゆけるようなものとして書いてゆくことが必要である（これは、答案、レポート、レジュメ、論文等でも全く同様）。

ところが、裁判官の中にさえ、こうした論理的記述に無頓着な人が一定の割合で存在する。そのような傾向は、たとえば、裁判官によって作成された研究会等への提出問題や訴訟記録中の鑑定事項にみてとることができる。つまり、それらが論理的に記述されていないと、問題の意味が一義的に明確でないためにほかの裁判官から質問を受けたり、鑑定事項が論理的に整序されていないために鑑定人から文句を言われたりすることになる。

なお、学者についても、論理的な文章を正確に書けないような人が少なくとも若干は存在するというのが事実であり、また、これは、どの国でも同様のことのようだ。このように、世の中には、実は、「秘められた真実」ともいうべき事柄がたくさんあるのだ。

本題に戻ると、法的な文章について大切なのは、「一義的な明確さ」と「楷書のような正確さと論理性」である。もっとも、そのような文章は、くどくかつ単調なものにもなりやすい。だから、僕は、自分の書物、ことに一般書では、明確さや論理性は失わないように努めつつ、一方、法的な内容のものであっても興味深く読めるように、構成、スタイル、レトリックについては種々工夫している。

しかし、弁護士等が裁判所に提出する準備書面については、あくまで明確な論理性を保ちさえすればよいのだから、一定の能力をもった人なら、慣れれば書けるようになるものなのだ（もちろん、法的な理屈については法学を学ぶしかないが）。なお、このことも、ビジネスパースンの作成する企画書やレポートについても全く同様であり、慣れれば書けるようになるものなのである。

以上は、主張相互の関係についても同様だ。主張相互の論理的関係、順序があるのか選択的なのか、といったことをよく考えた上で、主張間の関係を十分に整序してから書き始めるべきである。

③ 自己の側からみた主張を中心として整理し、相手方の主張に対する反駁《はんばく》は、その前か後に、相手方の主張と証拠を正確に理解した上で、的確かつ論理的にまとめること

この点については前章でもふれたが、さらに敷衍しておく。

まず、相手方の主張の要約は正確、簡潔でよい。これに対する認否（認めるか争うか）についても同様である。最も重要なのは、「相手方の主張する事実、ストーリー」に対するものとしての「自分の側からみた事実、ストーリー」を、法的に意味があり、かつ説得力のあるものとして、提示することにある。

これに対し、相手方の主張に細かく反駁しながらその反駁に関連して自己の主張を述べるというやり方は、積極的主張が細切れになるため、きわめてわかりにくくなりやすい。ことに、相手方の主張について、瑣末な反論を、的確な根拠もなく言葉だけは盛大に行う揚げ足取り的な主張は、弱いものであることが多い（一般的にいっても、感情的な言葉を安易に多用する主張は、劣勢であることを自白しているようなものである）。

自分の主張を見直して、もしも揚げ足取りに終始するような傾向がみえてきたら、頭を冷やして攻防の計画を立て直したほうがいい（なお、インターネットでこうした意味での悪文のレトリックに無防備になじむと、自分の文章も無意識のうちにその影響を受けやすい。これは、学生をはじめとする若者の文章に時々みられることなので、注意してほしい）。

④ 重要な主張や証拠はなるべく早期に提出すること

かつては、重要な主張や証拠を隠しておいて「後出し」するという戦術がよく使われたものだ。しかし、現在の民事訴訟では、そのような主張や証拠は最初から出すのが原則となっており、人証調べの際に相手方の証人や本人の証言・供述の信用性を突き崩すためのいわゆる「弾劾証拠」を別にすれば、「後出し」はすべきでないというのが原則だ。

ことに、審理がかなり進んだ段階で基本的、決定的な書証を提出するのは、偽造の疑いを抱かせることにもなる（相手方や裁判官からみればそのようにみえやすい）から、避けるべきである。

主張の適切な提出時期については、問題になることがあと二つある。

（i）一つは、「予備的主張をいつ出すか」という問題である。つまり、相手方の主張を否認する場合に、それが認められることになる場合についての予備的主張としての「抗弁、再抗弁等」をいつ出すかという問題である。

最初からこれを出すと弱くみえるから、がんばれるうちは出さないほうがよいのか、それとも最初から出しておくべきか、というかたちで議論されることが多い。

僕は、予想される予備的主張は最初から出しておいてかまわないと思う。最後まで出さなくてすむなら結構だが、争訟性の高い事件で最後までその見極めがつけられる弁護士は、よほどの自信家だろう。いつかは出すものなら早いほうがよい。もっとも、相殺については、自己の側の債権を失うことになる主張なので、よく考えてからでもいいだろう。

（ii）もう一つは、前記の一般条項（権利濫用、信義則違反、公序良俗違反等）に基づく主張である。これについては、ある程度事案の骨格がつかめてから出すほうがよい場合もありうる。また、出すときには、その具体的な内容に説得力をもたせられるようによく考えるべきである。

「生命保険の勧誘と小説の種は、身内にいくようになったらおしまい」という言葉がある（後者は、「身内のことしか書くことがなくなったらおしまい」という意味。念のため）が、これと似たようなことで、「事件は（安易に）一般条項にいったらおしまい」と思ったほうがよい。

つまり、安易に一般条項にたどり着く当事者は、負け筋であることが多い。そうでなくとも、そうした方向性は、主張の全体を弱いものにみせやすい。

もっとも、先の「安易に」という留保に注意してほしい。一般条項の主張でも、判例等の的確な分析に基づいて、「本件はこうした要素からみてまさに権利濫用該当」などときちんと説明できるようなものなら、別に弱くはみえない。また、確かに、一般条項（ことに権利濫用）で切る（ことに、責任の限度を限定する）のが相当と感じられる事案も、まれではあるものの存在する。そして、このような場合には、争点整理の比較的早い時点から一般条項の主張も出ていることが多い。

これに対し、「枯木も山のにぎわい」的に弱い主張が並んだ後に、「権利濫用、信義則違反、公序良俗違反」といった主張が確たる根拠もなく付け加えられる場合には、その一般条項がまるで「主張の墓標」のようにみえてしまうものなのである。

⑤ 最初の主張はやや広めでもよいが、争点整理の間には、可能な範囲でしぼること

抗弁に典型的だが、請求原因でもかなりあるのが、攻撃防御方法をいくつも並列的に並べるという例である（第5章の**事例3**の原告主張を思い出してもらうと理解しやすいだろう）。

しかし、それらが相当に性格の異なったものである場合には、そのうち一つを除いてはおよそ立証が難しいことが多いし、他方、それらが似通ったものである場合（このほうが多い）には、大体は、適切な一つ、二つにしぼることが可能なのである。

弱い主張、具体的なふくらみを欠いたシュプレヒコールのような主張がいくつも並んでいる準備書面は、いかにも弱いものにみえるし、実際にそうであることも多いものだ。

なお、これは、後に第8章の1でふれるとおり、証拠（書証）についてもいえることであって、提出する証拠も、多ければ多いほどよいというものではない。

よい準備書面の条件

準備書面とは、口頭弁論において主張する事項をあらかじめ記載して裁判所に提出し相手方にも直送する書面のことである。口頭弁論準備のための書面だから準備書面というわけだ（法一六一条）。実際には、口頭弁論期日には、準備書面陳述の後に、それを前提として、すでに記したような口頭での争点整理が行われることになる。

以下、準備書面作成の要諦を箇条書きで記してゆく。これも、一次的には弁護士を念頭に置いているが、本人作成の書面にも当てはまる。より広くいえば、プレゼンテーションのための書面一般にも当てはまるだろう。

①「裁判官を説得するための書面である」のを念頭に置くこと

準備書面は、基本的には、「裁判官を説得するための書面」として書かれるべきだ。「そんなことはわかっている」といわれそうだが、毎日毎日「ああ、今日こそは上手に説得されたいものだなあ」と思いながら、次から次へと準備書面に目を通し、定規で線を引き、メモをとり、クエスチョンマークを付けていた者としては、右の事柄が大多数の弁護士に十分に理解されているとは考えにくいのである。

実際には、自分の書きたいことを書きたいように書いただけの、かつ、意味するところのわかりにくい部分のある、そんな準備書面がかなり多い。本人作成のものは、この傾向がさらに強くなりやすい。

この点から準備書面を考えるときには、いわば、自分が「著者」で、裁判官が「読者」であるというアナロジーで考えてみるとよい（もちろん相手方当事者も読者なのだが、位置づけとしては、むしろ「競合する著者」という意味合いのほうが強いから、本章のこのあとの記述では、読者としては、もっぱら裁判官を念頭に置くこととする）。

この「読者」は、別に、面白がらせられることは望んでいない。そして、必ず、「書面」は読んでくれる。しかし、すっきりと理解させられ、かつ説得されることだけは、期待しているのである。

②以下の項目は、右のような視点に沿いながら整理してゆく。

これらの項目に掲げた事項、内容も、裁判官、学者、学生、ビジネスパースン等にも無関係ではない。実は、判決、論文、教科書、レポート、レジュメ、プレゼンテーション用の書面や書物にも、かなりの程度に当てはまる事柄だからである。

② テーマは、明確に、かつわかりやすく提示すること

まず重要なのは、テーマを、明確に、かつわかりやすく提示することだ。論文は序と末尾でテーマ提示と論文全体の要約をするものと相場が決まっているが、準備書面については、一見してそのテーマが明確であり、また、個々の記述ないしその対象が明確であればそれでよい。

準備書面のテーマについては、(i)主張の骨子や概要、あるいは攻撃防御方法の内容を示すものか、(ii)事実認定に関するものか、(iii)法律論に関するものか、の区別を念頭に置くことが大切である。

ほかに、(iv)紛争の全容や背景事情を示すもの、も内容としてはありうるが、これは、常に必要というわけではないし、これだけで一通の準備書面を構成することも少なく、早い時点でどこかで一回まとめて書いておけば十分なものなので、ここでは省く。また、(v)認否および反論、の一般的な方法についても、すでにふれたので省く。

一通の準備書面が(i)ないし(iii)の複数の要素を含んでいることはありうる。しか

し、その場合でも、セクションとしては分けるか、あるいは少なくともこれらの記述の性格的な相違を意識した上で、書いてゆくべきである。これらの要素を無自覚に混在させると、きわめてわかりにくくなるからだ。

僕は、(ii)(事実認定関係)、(iii)(法律論)については、争点整理の大筋がみえた段階で、それぞれ、なるべくまとめて書いてもらうようにしていた。そして、ことに、(iii)の作成期間(提出期限)については、文献の整理提出(書証として出してもらっていた)と併せ、十分な時間をとるようにしていた。法律論が問題になるような事案では、それにじっくり取り組んでもらったほうがいいからである。

なお、法的な主張はもちろんだが、事実認定に関する主張についても、なるべく冒頭にその要約を示しておくと、裁判官の頭に入りやすい。

③「自分がわかっている」ことを「裁判官にわからせる」努力が必要

自分の内面世界を充実させ、大切にしている人間は、たとえ書物や作品を作らなくとも、頭の中に自分固有の「物語」をもっていることが多いものだ。しかし、それを構成してかたちあるものとし、外に出して、他人に納得させるかたちで「伝える」ことは、非常に難しい。創作を含めた一般の書物における執筆の難しさ、また技術の焦点は、結局そういうことにある。名著といわれるような書物は、創作ではなくとも、やはり、「固有の物語や語りのスタイル」をもっているものなのだ。

僕の経験では、書く技術という側面からみれば、一般書を書くほうが専門書を書くよりもより難しく、高度のテクニックを要する。それは、不特定多数の読者に「興味深く」読ませることの難しさによるところが大きい。もう一つは、文章に必要とされる審美的要素がより高くかつ微妙であることだろう。たとえば、海外の著名な自然科学者の一般書には、この要素をも備えているものが時々みられる（日本のそれの場合には、残念ながら、そこまでいっているものは少ない〔また、内容も、いかにも軽いものが多めだな、とは思う〕）。

準備書面の内容を裁判官という読者に伝えることは、これに比べればはるかに容易である。法的な事実や主張を、読者である裁判官の視点にも立ちつつ、わかりやすく、かつ論理的に書きさえすればそれでよいのだから。

ところが、実際には、②でふれた（ⅰ）の準備書面（主張の骨子や概要、あるいは攻撃防御方法の内容を示すもの）からして、「全然わからない」ことがある。紛争の内容と意味をよくわかっていない代理人が書いた準備書面は、裁判官をも相手方代理人をも悩ませること限りない。自分がよく理解できない事柄（ことに、医学、工学等理系の技術的事項）にかかわる事件を受任しないことは、受任に関する非常に重要な原則だと思う。

これを本人、依頼者の側からみれば、技術的に難しい事項の理解を前提とする事件では、そうした事柄に関する弁護士の理解力、知的能力をよく見極めておかないと大変なことになりますよ、ということだ。

法律論（前記（iii））を内容とする準備書面については、的確な文献（学説や判例）を選択し、それらを客観的な目で分析し、できる限り厳密に論理の筋を追うことに尽きる。

もっとも、「法律論というものは、雑駁《ざつぱく》であれば何の役にも立たない」ことは認識しておくべきである。法律論が主な争点となる事件で、双方の主張がほとんど参考にならず、自分で調べた上で理由の主要部分を組み立てなければならなかったという経験は、民事系裁判官のうち相対的なハイレヴェル層に属する人々には、誰しもあることだと思う。

僕は、法律論については、その骨組みや意味を口頭で大筋まとめてしまって、「その中のこことここがポイントだと思いますから、それぞれについてこういう点に留意しながら書いてください」といった整理をし、調書にも記載していた。裁判官のそうした示唆、協力があると、それだけで、出てくる書面の内容、わかりやすさとも、飛躍的に向上する。

さて、定型的にみて一番理解が難しいことがあるのが、実は、事実を主張する準備書面、事実認定にかかわる準備書面（前記（ii））である。個々の間接事実（主要事実を推認させる間接事実）の意味づけがわからない、それらの総合の仕方がわからない、相手方に対する反論の趣旨がわからない、全体としてどういうストーリー・論旨を組み立てたいのかがわからない、といった場合があるが、根本的には、最後の「全体としてどういうストーリー・論旨を組み立てたいのかがわからない」という点が決定的であることが多い。

この最後の点については、比較的優秀なはずの弁護士でも、非常にわかりにくく意味のとりにくい準備書面を作成する場合がある。

ことに、進行している関連事件があってその内容の多くを流用する準備書面には、この傾向が出やすい。これは、「裁判官にはその記述の前提となる情報が全く与えられていない」ことを忘れた結果である。

また、「日本の裁判官は多数の事件を併行審理している」という事実も忘れないでいただきたい。

したがって、複雑な内容の事件ほど、よく整理し、「自分がわかっていることを裁判官にわからせる」という視点を念頭に置きながら書くことが必要なのである（書証の提出のあり方についても同じようなことがいえる。ことに、書証の立証趣旨を説明する証拠説明書の記述は重要だ）。

なお、「自分はわかっていても読者はわからない」というのは、「著者にとっては致命的」なことなのであり、読者にそのことを指摘された著者は、まずは反省すべきなのだ。

ちっともわからないので、法廷で「この点、少し敷衍してわかりやすく書いてみてください」とお願いすると、「もうあそこに書きました」という言葉がかえってくることがある。若いころはおとなしく引き下がっていたが、ヴェテランになってからは、「いや、その部分が全然理解できなかったからお願いしているのですよ」という趣旨のことを、実際にはこれより婉曲な言葉でお伝えしていた。

④「**相手方はわかっていても、裁判官はわからないことがある**」ことにも注意

これも見過ごされやすい点である。原告と被告で勝手に応酬しているが、裁判官はかやの外、ということだ。

技術的・専門的な事項を含む事件、紛争の背景や事実関係が錯綜《さくそう》している事件、先行している関連事件が存在する事件、あるいは双方が本人である事件（「本人たちはもちろん紛争についてよく知っているが裁判官は知らない」ということに思い及ばないか、そのことを忘れている）などをはじめとして、実は意外に多い。ことに、若手裁判官の場合にはこれが起こりやすい。これは、「当事者だけで議論しないでください。私は理解できていませんよ」とはっきり言いにくいためである。

この問題も、読者の視点に立てていないことの典型的な結果であり、注意してほしい。単純な例を一つ挙げておくと、「ある特定の言葉（準備書面のかなめとなる言葉）が理解できないから説明してください」と法廷で明確に告げたのに、次の準備書面でも忘れてしまっている、たとえばそうしたことがよくある。こうしたことは、「読者」の目からみる

と本当に理解しがたいのである。

この問題がなかなか解消しない場合には、ヴェテラン裁判官であれば、仕方がないので、「この事件の核心、どうもよくわからないんですが、推測するにこういうことでしょうか？」、「もしそうなら、この事件の主要な争点は、一つはこういう事実の有無、もう一つはこういう業界の経験則が成り立つか否かですよね？」などと切り込んでゆく（やはり表現はもっと婉曲に）。しかし、若手裁判官、ことにおとなしい人は、なかなかそれができない（なお、「経験則」とは、「経験から帰納された事物に関する知識や法則」のことで、「推認」の基礎となる。一般的経験則は人々が日常の推認に用いているもので、裁判官もこれの積み重ねによって事実認定をしている部分が大きいと、普通にはいわれる）。

その結果、見当外れの、実質的な争点を外した判決が出ても、それは決して裁判官だけの責任ではないと考える。

⑤ 構想をよく練って、なるべく短く凝縮したものを書くこと（あるいは、適切な長さで書くこと、ただし長過ぎないこと）

この点は、特に強調しておきたい事柄である。

マルセル・プルーストは、彼の唯一の長編小説『失われた時を求めて』の冒頭部分で、この上なく繊細な少年が母親のおやすみ前のキスを心待ちにする夜の時間の、絶望的な孤独と深い不安を事細かに描写するためだけに、延々数十頁を費やした。しかし、その長さは、この作品においては、十分な感覚的、論理的意味をもちえている。書物の構造やエモーションが、その必然として、冒頭部分にそれだけの長さを要求しているからである。

しかし、準備書面は、長編小説ではなく、体系書でも論文でもなく、専門知識を有する「裁判官」という読者に対して、ある限定的な事柄の内容を、明確かつ正確に伝える書面にすぎない。

したがって、「わかりやすくて、整理されていて、具体的で、明確で、短い」のが理想的だ。

そして、同じ内容が一〇枚でも一枚でも書けるとき、一枚のほうがかえってわかりやすいというのは、論理的な文章、ことに法的なそれには、しばしばあることなのだ。もちろん、その一枚がよく練られたものであることが前提だが。

付け加えると、法的な文書というものは、よく気をつけていないとつい長くなりがちなものでもある。

この点については、やや極端な比喩かもしれないが、映画の撮影や編集を考えていただいてもよいと思う。ある人物がA点からB点に移動するのを追うのに手持ちカメラも交じえながらずっとなめるように追っかけてゆくと、かえって何が何だかわからない映像になる（むしろ、人物の不安や惑乱を伝えたいときにこそ、このテクニックは使われる）。

そうではなく、A点で動き始める人物とその動機を一つのショットの中に織り込み、次のショットではB点に到着する人物を迎え入れる視点からとらえれば、それだけで、何が起こったかは一目瞭然なのである。そして、大きな意味がなければ、その間の描写は「切り捨てる」ほうがよい。

たとえば人物が途中で息切れしてしゃがんでいるショットを挿入したりすると、観客は、「そうか、彼女は病気なんだ……」などと、あらぬ誤解をしてしまいかねないからだ。もしも「B点に向かって急いだ」ことを伝えたいのなら、二つ目のショットで、人物が肩で息をしているように演出すればそれで足りる。その演出自体も、控えめなほうがより生きる。

つまり、集中して情報を得ようとしている読者や観客にあまりにも雑多な情報を与えると、それぞれの細かな事実について一斉に意味づけや推測が働いて、かえって混乱してしまうのだ。これは、人間の認識構造のあり方それ自体に根ざした問題だと思う。

もっとも、そうはいうものの、準備書面は、審理の結果に基づく判断とその根拠を明らかにする書面である判決とは異なり、白紙から説明してゆく書面なのだから、場合によっては、ある程度細かく、長くなることもやむをえないであろう。

しかし、それでも、通常の準備書面（大規模な、あるいは特に複雑な事件のかなめとなるような準備書面の場合を除く趣旨）なら六、七枚まで、相当に長いものでも二〇枚くらいまでで、大体のことは書けるはずである（書証や尋問調書等の内容を細かく引用し分析するようなかなり例外的な場合でも、せいぜい三〇枚から四〇枚程度までで十分だろう）。

たとえばＡ４判片面横書きの書面で一〇〇枚などというのは、分量からすると一〇〇頁台後半の書物一冊に相当する。大型損害賠償請求など例外的な事案の場合は別として、普通の合議事件でここまで長く一つのことを書くと、かえってわかりにくくなりがちだ。

また、長時間神経を研ぎ澄ましてさまざまな事件の準備書面を読み続けている裁判官の集中力は、こうした長い書面では、なかなか最後までもたない（息切れしやすい）ことも理解しておくべきだろう。ことに、長い上に雑駁なものは、「本当に致命的」である。

なお、アメリカでも「準備書面は短く」というのが原則であり、おそらくヨーロッパ先進諸国でも同様だろう。一〇〇枚の準備書面などといったら、「さすがは古来繁文縟礼《はんぶんじょくれい》、書面重視の国、東洋の神秘」などといった感想がかえってくるのが落ちである。日本の弁護士が、やたらに長い、その意味で自己満足的な準備書面を書きがちなことについては、これまた、裁判官と弁護士の世界が分断されているために弁護士が裁判官の視点を想像できていないことによるところが大きいと思う。

付言すれば、日本の依頼者（これは、個人のみならず企業も）が、一般的に長い準備書面を好みがちなのも事実である。「ああ、先生。こんなにたくさん書いてくださるなんて、うれしいです（うれしいわ）」ということだ。

しかし、はっきりいって、こうした感じ方は間違いだ。「構想をよく練って、なるべく短く凝縮して書かれた、明晰な準備書面。そして、一人で読んで、あるいは弁護士に法的な解説をしてもらった上で読んで、よく理解でき、説得力を感じる準備書面」こそが、よい準備書面なのだ。このことは、よく認識しておく必要がある（かつては、準備書面の枚数に応じて報酬を請求できる契約をし、ことさらに長い準備書面を書くような弁護士もいたものだ。そして、それを喜ぶ当事者がいたのも事実である）。日本の企業や官庁で作成される書面一般についても、僕の経験では、おそらく、同じような問題があるのではないかと考える。ことに、公務員（お役人）のそれはひどい。

そこで、この点についても、一つの事例を挙げてみよう。

事例4

事案は、原告が、被告（なお、双方とも大企業）に対し、売買の予約に基づき、株式の買取を求める請求である。被告は、その株式の時価は売買予約で定められた金額よりずっと低いとして、売買予約につき虚偽表示（何らかの理由により仮想でなされた契約、意思表示）にすぎず、無効であるとの主張をしている。

主要な争点の骨子は、単純化すると実にこれだけなのだ。ところが、双方とも主張が非常に長くて、目次まで付された論文のような準備書面など、実にわかりにくい。

裁判官は、右売買予約に至るまでに作成された重要書証のいくつかを選択し、これらに沿いながら事実経過の要点を説明するかたちで、二〇枚程度の準備書面を書いてくれるよう双方当事者に依頼した。その際、双方の従来の主張から導き出されるところの、記述すべき主要ポイントを指摘しておいた。

双方から提出された準備書面はきわめてわかりやすく明快であり、これによって、争点整理の基本的な方向はほぼ定まった。

なお、かなりのキャリアを積んだ、また比較的高能力の裁判官でないと、長い準備書面（群）について右の事例のようにその要点を的確に拾う作業は難しいことも、弁護士は、理解しておく必要がある（長い文章の要点を把握するのは、一般的にいっても、相当の熟練を要する知的作業である）。したがって、書き過ぎ、出し過ぎは、若手ないし中堅の裁判官を混乱させやすい訴訟行為の一典型であるといえる。

なお、このことは訴状にも当てはまる。技術的・専門的事項等についてわかりやすい説明が必要な場合にはある程度やむをえないが、訴状についても、特殊な事案でない限り、おのずから、適切な長さというものがあるはずだ。

訴状については、その事件では何を訴えたいのか、そのポイント、事案の本質を明確に意識して、それが明らかになるように書くことが、何よりも重要だ。そして、そのような点を意識して書かれた訴状は、その分量や記述の具体的なあり方という観点からみても、それなりに引き締まったものとなる場合が多いのである。

⑥ 受け入れられやすいように、一定の品位を保って書くこと

これも大切なことである。

揚げ足取りや決めつけが多いと、品位を欠くだけでなく、逆に、自己の主張の弱い部分を浮かび上がらせてしまいやすいものなのだ（揚げ足取りや決めつけの部分を全部反転させてゆくと、ネガからポジが浮かび上がるように、主張者の弱点が立体的にみえてくる）。

相手方を批判、非難する記述は、客観的根拠に基づき、短め、控えめにしておくことが望ましい。中傷、罵詈雑言的な記述はもちろん控えるほうがよい。準備書面においては、具体的で堅固な記述が何よりも多くを語るのであって、感情的な言葉は無力である。離婚訴訟などでは特に注意すべきである。

裁判官も人間（動物）であり、人間（動物）は、生理的に不快な事柄に対しては拒絶反応を示すという一般的習性がある。こうした書面では、「読者」は、そうした拒絶的な感情を抑え、記述のあり方に対する無意識的な反発を抑えながら内容を追ってゆかなければならないので、無用のストレスを被る。それは、おそらく、「著者」にとっても利益のあることではない。

認識の共有化——まとめ準備書面の効用

最後に、「まとめ準備書面の効用」について記しておきたい。

僕は、争訟性の高い事件では、争点整理の最終段階ないしこれに近い段階で、原告に、①請求原因のまとめ直し、②証拠評価を中心とする各争点についての総合的な記述、を内容とするまとめ準備書面を書いてもらうことがよくあった。その後で、被告側にも、①に対する認否と②を内容とする同様の準備書面を書いてもらっていた。

比較的細かな攻防が行われ、請求原因や攻撃防御方法が当初とはいくらか変わったり、補充されたりしている事件では、調書の別紙などで裁判官が争点についての双方の主張のまとめを行った後にこの準備書面を書いてもらうと、裁判官も、当事者も、最終的な争点を明瞭に把握できるし、争点整理終了後の人証調べも的確に行われやすくなる。

つまり、「まとめ準備書面」には、当事者が従来の主張をまとめて整理し直し裁判官に伝えることによってこれに関する認識の共有化を図ることができるとともに、人証調べのための準備活動としても効果的である、というメリットがあるのだ。

そのような意味では、ある程度複雑な事件では、当事者は、裁判官から促されなくとも、これを書いて提出する時間がほしい旨を申し出るとよいと思う（すると、おそらく、相手方もそのようにする例が多いだろう）。

なお、人証調べが終えられた後、口頭弁論終結前に当事者が提出するいわゆる「最終準備書面」については、最近は、提出する例が以前よりも減少しているという。

確かに、その時点では裁判官の心証がおおむね固まっている場合も多く、そうした場合には、その提出に大きな意味はない。しかし、裁判官の心証が十分に固まっていない、あるいは判断に迷っているような事案では、最終準備書面によって事案がよく理解でき、心証が動く例も、一定程度存在する。

したがって、複雑な事案や客観的な証拠に乏しく全体としての証拠評価が難しいような事案では、当事者は、人証調べ終了後に期日を一回続行してもらって、これを提出しておいたほうがよいと思う（この項目につき、詳しくは、『要論』の項目［072］参照）。

第8章　証拠調べ——真実の相対性

証拠調べ、ことに人証調べ（証人・当事者尋問）は、法律家でない人々にとっては最もわかりやすい訴訟の山場だろう。そして、難しい事件では、それぞれの供述の信用性を測りつつ困難な事実認定を組み立ててゆく裁判官の能力が試される場所でもある。

たとえば、芥川龍之介の短篇『藪の中』とこれに基づいた黒澤明監督の映画『羅生門』（脚本：黒澤明、橋本忍）は、ある意味では、こうした問題（供述の信用性と事実認定の困難性）、ひいては「真実の相対性」というテーマを取り扱っているとみることもできるだろう。

芸術家の解答だから、答えは、当然「真実はわからない」ということだが、小説と映画では、微妙なニュアンスの相違がある。

小説のほうは、虚偽供述というよりは人間の認識の限界、そのもろさと浅さに対する深い絶望を強調した表現となっており、おぼろな暗さが全編をおおっている。これに対し、映画のほうは、はっきり虚偽供述の気配が濃厚であり、人間の虚飾とエゴイズム、そして、それらを洗い流すすさまじいエロスの力に焦点が当てられている。これには、もちろん、作者の資質のほかに、文学と映画という表現媒体の相違も関係している。

また、映画のほうには、黒澤と橋本が戦中戦後の混乱の時代から得た苦い人間認識が強く反映していて、それが、作品の純度を高めている。『羅生門』の圧倒的な明暗のコントラストと苦い不可知論は、たとえば、『処女の泉』(イングマール・ベルイマン)や『去年マリエンバートで』(アラン・レネ)のような、黒澤とは全く資質の異なった名監督たちの映画にまで影響を与えた。その理由の一つは、おそらく、黒澤と橋本が練り上げた苦い人間認識の深さにある。

以下、証拠調べの種類ごとに数字項目を立て、最後にはその現状に対する考察の項目をも置く。

1 書証

法律家の文章がくだくだしい理由――「法的な定義」の意味

さて、本章の最初の部分では、ちょっと本題を外れて、法律家の定義の正確さとその半面のくどさの「意味」を理解していただくために、例として、僕の教科書から書証についての定義を引き(瀬木『民事訴訟法』の項目〔369〕)、ついで、それを、本書で用いている一般向けの言葉に言い直してみよう。

教科書の記述は、以下のとおりである。

「書証とは、文書の意味内容を証拠資料として取得する形で行われる証拠調べであるが、そのような文書自体もまた書証と呼ばれる（実際に『書証』という言葉が使われる場合には、多くが後者の趣旨である。『書証の取調べ』という表現が典型的である）。

文書とは、文字等の記号によって作成者の思想（表現したい精神作用、意味内容）を表現した紙片その他の有形物をいう」

以上を本書の言葉に言い直すと、こうなる。

「書証は、法学では、『裁判官による文書の取調べ』を意味するとともに、『そうして取り調べられた文書自体』をも意味し、法廷では後者の意味（一般人の理解と同じ意味）で使われることが多い。ここでいう文書とは、作成者の何らかの意思内容が紙片等に表示されたものをいう（契約書、領収書、日記等）」

こうして対比すると、「法学というのは、当たり前のことを、よりくどく、わかりにくく定義するための学問なのか？」といわれそうだが、こうした定義の方法には、一定の根拠もある。法学は、哲学や論理学と同じく、人文・社会科学の中では、言葉と概念の厳密さにこだわる、それを必要とする学問であるということだ。

たとえば、何度も出てきた口頭弁論等の「期日」の普通の意味は、誰にでもわかる。だから、本書では定義しないまま使ってきたが、これも、教科書では「期日とは、裁判所と当事者が所定の場所に集まり訴訟行為を行うよう定められた日時のことである」と定義する。集まるのが「裁判所」ではなく「所定の場所」とされているのは、例外的に裁判所外で行える旨が定められている期日もある（進行協議期日。規則九七条）し、災害による庁舎損壊の場合等には法廷一般について（つまり、どのような期日でも）他の場所で開けるからだ（裁判所法六九条二項。ただし、最高裁の承認が必要）。

以上は比較的簡単な事柄なので、やはり「何をわざわざ」という気がするかもしれない。しかし、民事訴訟法学上の多くの論点は非常に複雑であるため、まずは基本的な概念についてこうした厳密な定義を行っておかないと、論理的かつ正確な記述、論旨の展開がしにくくなるのだ。

法律家の文章がくだくだしいものになりやすいのは、①前記のような場面ごとの使い分けのできる人が少なく、常に法学的な言葉遣いをしてしまうこと、②これは実は専門家は皆そういう傾向があるのだが、専門外の分野に対する興味がないかあるいはその感度があまり高くないこと、③一般市民の視点に立ち（視点を移動し）、かつ正確に意味を伝えようという志向に乏しい人が多いこと、などによるのだろう。

裁判官の注意を喚起できる書面——書証の重要性と「証拠説明書」

証拠調べというと、普通の人はまず人証調べ（証人・当事者尋問）を思い浮かべるだろう。しかし、現在の日本の民事訴訟では、以前に比べれば、人証の証拠方法としての重みは、小さくなってきている。これは、法的リテラシーがかつてよりは高まるに伴い、少なくとも重要な契約の締結等に当たっては契約書をはじめとするかなりの書面が残されるようになってきたことと関係がある。

重要な書証、客観的な書証は、事実認定において「動かしにくい定点」の役割を果たすことが多い。したがって、第2章でもふれたとおり、法律相談は、重要な書証を実際に見ながらじかに当事者の話を聴き、さらに不明な点を問いただすことを前提にしないと、成り立たない。また、書証の証明力は、専門家でないと評価が難しい部分もあり、当事者の持参した書証以外の書証を新たに探してもらう必要のある場合も多い。

だから、弁護士としては、当事者の話を聴きながら訴状を準備するとともに、重要な書証を収集し分析した上で適切に整理しておくことが、訴え提起前の訴訟活動としては、何よりも重要になる。

書証については、前章でもふれたが、量が多いほどいいというものではない。まずは、精選した書証をよく整理した上で提出するほうが、裁判官に対する説得力は強い。その上で、なお必要があれば、ことに裁判官から指摘されれば、補足的なものを加えればよい。

一般的にいっても、どうでもいいような証拠、ことに書証を数多く提出するのは、負け筋の弁護士に非常に多い訴訟戦術であり、相手方の訴訟活動や裁判官の心証形成を攪乱《こうらん》する意図が、あるいは訴訟の引き延ばしを図るという意図さえもが、うかがわれる場合がある。また、出し過ぎでぼろが出て、自分の側の書証が、自分に不利な認定に使われたり、自分の側のかなめとなる書証の価値を減殺してしまったりすることも、まれではない。こうしたことにも注意しておくべきなのである。

当事者本人の心情としては、「これも、あれも出しておきたい」というところを、弁護士としての醒めた視点、あるいは裁判官や相手方の視点に立って、「まずはどこまでにとどめておくのが最も効果的であるか」をよく考え、見切って、その理由を説明するのがよい弁護士だ。優秀な弁護士、勝訴率の高い弁護士は、書証をよく検討、吟味し、とりあえずは、必要にして十分と考えるものにしぼって出している例が多いのである。

付け加えれば、日本の法廷に提出される証拠（その中心は書証）の量は、国際的にみてもかなり多いほうではないかと思われる。しかし、実際に重要であり事実認定に当たってもの重視される証拠は、その中のごく一部であるといってよい（もちろん、背景事情等を説明する証拠にもそれなりの価値のあるものは存在するが、これらについても、立証趣旨があまりはっきりしないものについては、とりあえずは提出を控えたほうがよい）。

一概にはいえないが、あえておおよその基準を立てれば、通常の訴訟では多くとも二〇号証ないし三〇号証くらいまで（ごく普通の事件では一〇号証台）、複雑な事件、損害関係の細かな立証が多い事件、経理関係の書証を多数提出する事件、文献を多数提出する事件などでも、うまく枝番号（甲〇号証の1、2、3といった形式の書証番号の付し方。なお、原告提出の書証には冒頭に「甲」、被告提出の書証には冒頭に「乙」を付ける）を活用すれば五〇号証ないし六〇号証くらいまでには収まるのではないだろうか。

書証は、その証拠説明書（書証説明書）とともに提出する（規則一三七条一項）。弁護士でもこのことに気のついていない人がいるが、「証拠説明書」には、事実認定に関する重要な準備書面に準じる程度の重要性がある。書証は、それ自体で語るものとは限らない。書証の中のみずからが強調したい部分に裁判官が常に注目してくれるとも限らない。その書証によって伝えたいこと（立証したいこと）は、準備書面よりも証拠説明書によって、より直接的、具体的に伝えられるのである。

もっとも、証拠説明書は、準備書面を踏まえているのだから、それほどくどくど記載する必要はない。簡にして要を得た記載でよいのだ。これは、ごくわずかな労力によって、みずからが有利と考える書証について裁判官の注意を喚起することのできる、当事者にとって非常にコストパフォーマンスの高い書面なのである。

また、書証のうち、一見して立証趣旨が明確でないものや全体を読むのに時間がかかるものについては、書証の写し（当事者が提出し、事件記録につづられる）の重要な部分にマーカー（蛍光ペン）で、線を引いておくか、重要な部分を囲んでおくことも大切である。ことに、文献、判例、日記、手紙やメール（それを印刷した書面）、預金通帳、経理関係書類、カルテや看護記録、他事件の尋問調書や刑事事件の供述調書等については、マーカーがなければ何を立証したいのかが読み取れないことも多い。

「マーカーを付するとほかの部分は読んでもらえないので、結局マーカーを付した部分の趣旨も正確に伝わらないのではないか」と危惧する弁護士もいるようだが、通常レヴェルの裁判官なら、マーカーが付してある部分の関連部分は注意の対象から外さないものだ（さらにいえば、よりレヴェルの低い裁判官だと、マーカーを付していないとその書証の意味がほとんど伝わらない、という結果になることもありうる）。

文書提出命令という重要な「証拠獲得手段」

ほかに、書証では、文書提出命令の申立て（法二二〇条以下）が重要であり、これは、相手方や第三者の証拠を強制的に開示させる手段がきわめて限られている日本の制度において、非常に重要な証拠獲得の手段である。

日本では、必要な書証は、相手方の求めや裁判官の促しがあれば大体において提出されるという法廷慣行があり、これ自体はよい伝統といえる。しかし、国や地方自治体、大企業等を相手にする訴訟では、かなめとなる書面を相手方がなかなか提出してくれないことも多い。このような場合には、文書提出命令の申立てを考える必要がある。なお、日本の裁判官はこうしたドラスティックな決定を嫌って先延ばしにする傾向があるため、文書の重要性が高い場合には、すぐに決定をしてくれるよう求める必要もある。

もっとも、文書提出命令に関する解釈論は、証拠に関する理論の中でも最も錯綜して難しい部分であり、弁護士でもその用い方に習熟しているとは限らないのが事実だ。僕の教科書ではかなり詳細に解説しているので、弁護士読者を含め、まずはこれを参照していただければと考える。とはいえ、これは、本人訴訟ではちょっと手に余る申立てである。

2　人証――証人尋問と当事者尋問

アメリカ、ヨーロッパ、そして日本の人証調べとその意味

人証調べの意味は、それぞれの国の裁判制度と国民性によって、大きく異なりうる。

たとえば、宣誓しての供述に決定的な重みがあり（明白な偽証は訴追される）、事実審理が

集中的に行われ、陪審制を採るといった国では、証人尋問の重みはかなり大きくなるだろう（アメリカがその例。もっとも、現在の民事訴訟では陪審を使わない事件のほうがずっと多く、その場合の尋問の意味は、日本と極端には変わらないように見受けられた）。

一方、契約に関する意識がきわめて高く、処分証書（その文書によって法律行為が行われた文書。契約書、手形、遺言書等）に記載されている事柄についての反証は容易に認められず、裁判官が訴訟を強くリードするといった国では、その重要性は低いだろう（ヨーロッパ大陸諸国に多い）。

では、現在の日本はどうだろうか？

右と同じようなまとめ方をすれば、現代日本の状況は、①契約に関する意識は高まってきたとはいえそれに強く拘束されるという意識はなおやや弱く、②しかしながら書証は以前に比べてはるかに整ってきており、また、争点整理の中で書証の取調べが行われるために、裁判官の心証形成が早く、③宣誓しての供述でありながらその供述がみずからの良心に照らしてできる限り客観的事実を述べるという態度でなされることが必ずしも多くはなく（この点については後にふれる）、④むしろ、やや党派的な（日本の民事訴訟における証人には中立的な第三者は少なく、ほとんどがいずれかの側に属するかそれに近い人々）、あるいは説明的な観点から、物語的に行われることが通常である、と整理できよう。

そして、こうした状況の中で、人証調べは、比較的慎重な心証形成が行われるべき事案（心証が微妙な事案や判決事案）において、裁判官がそれまでの自己の心証を総合的に精査する（当事者が裁判官に対してそれまでの心証についての総合的な精査を求める）ために行われる例が比較的多い、と位置づけてよいのではないかと考える。

もっとも、次の項目のとおり、人証調べによって裁判官の心証が初めて固まるという事件は相当の割合で存在するし、心証が反転する事件の割合も、それほど小さくはない。

人証調べによって心証は変わるのか？

「人証調べによって本当に心証は変わるのか？」というのは、重要な問いかけである。

この問いについては、裁判官の中には「ほとんど変わらない」という意見もあり、どうも近年それが強くなってきているらしいことには注意すべきだが、僕は、三三年間の裁判官経験を踏まえて、「劇的に変わる場合もある程度は存在する」と考える。

具体的には、専門家的な証人（専門医等）の比較的客観的な証言だと、「読むと聴くとは大違い」で、それまでの考え方が変わることが結構ある。

一般的にいうと、第5章にも記したとおり、僕の経験では、①人証を聴くまではっきりした判断がつかない事件は、争訟性の高い事件の三割程度、②人証を聴いてすでに抱いていた心証が反転する事件は、争訟性の高い事件の一割弱、というところだ。

つまり、「争訟性の高い事件、本格的に争われている事件」についていえば、その四割近くで、人証調べが、決定的な、あるいは大きな意味をもつということだ。

しかし、僕のこの意見は、裁判官全体の中でみれば、かなり慎重、謙抑的なほうなのである。より直截的にいえば、「人証を聴いても時間の無駄である場合も多いから、人証を実施する事件、また、取り調べる人証の数は、極力しぼるべきだ」と考える裁判官が増えてきている。ことに、裁判官たちに審理期間短縮のプレッシャーが強くかかっている近年、その傾向は強まっている。

しかし、これには二つの問題がある。

①一つは、「結果的には心証の変わらない事件であっても、なお、人証調べに意味がないとはいえない」ということだ。

確かに、人証調べ（尋問）というのは難しいもので、映画で見るそれのように鮮やかに行われることはまれである。しかし、それでも、裁判官が心証を再構成し、具体化するという意味では、それなりに機能するものなのだ。漠然とした心証しか抱いていなかった事件はもちろん、人証調べの前には結論に迷いのあったような事件でさえ、人証調べが終わるころには、頭の中に判決書の原案ができてしまう程度にそれが緻密になることは、僕の経験では、よくあった。

また、たとえ書証の証拠調べにより大筋では正確な心証が得られる事件であっても、人証の証拠調べは、それを確認し、より確実なものにする意味がある。人証によってようやく証明度が証明責任のレヴェルに達したという印象を受ける事件も、かなり多かった。

個々の供述自体は、党派性で汚染されていたり、間延びしていたり、あいまいであったりしていても、人証調べ全体を通してみると事件の全貌がみえてくるのは不思議だ。

その意味で、僕は、やはり、当事者双方が順に、交互に尋問を行う交互尋問制度（その後裁判官が補充尋問を行う）は、ことに判決を前提とした事実認定においては大きな意味をもつ、それなりにすぐれた制度だと考えている。

② また、人証調べには、当事者本人の満足、納得という意味もある。

当事者本人にとっては、後にふれる陳述書に基づいて法廷で言いたいことを述べる手続のもつ心理的な意味は、非常に大きい。代理人が、「依頼者の納得のために人証調べをしてからもう一度和解を試みてください」と述べる事件は時にあるが、それは、うなずけることなのだ。第5章の**事例3**の例のように、有利な側の本人が、「事実が明らかにされたのだから和解の内容については柔軟に考えてもよい」旨を述べるような場合もある。

近年、裁判官数が二、三割も増加し、一方民事訴訟事件新受件数は減少後横ばいという状況であるにもかかわらず、統計によれば、人証調べ実施人数が増えておらず、うち証人尋問については減少傾向にあることには、疑問を感じる（裁判所の統計によれば、民事訴訟事件新受件数が横ばいになってからの時期をみても、証人の取調べ人数は、二〇一三年と二〇一七年を比べると、一六パーセントも減少している）。

これは、僕だけの意見ではない。裁判官が、行ってしかるべき人証調べを行わないという傾向については、弁護士も問題視しているし、民事訴訟を経験した人々の批判も多い。その背景には、おそらく、キャリア型官僚裁判官の、早期の事件処理を過度に意識する傾向や、判断に関する自己過信、謙虚さの不足という問題がある。

なお、僕自身は、書証によって結論は明白と思われるような事件でも、当事者が申請すれば、最低限、双方当事者本人尋問は行っていた。

尋問の進め方

人証の数は、本人を含め、双方合わせて二、三人の場合が比較的多く、四、五人の場合がこれに次ぐだろう。また、本人以外の証人についてはごく短時間で終わる例も比較的多い（ある特定の事項だけ証人に尋ねる例が比較的多いということ）。もっとも、複雑な事件では、人証の数も増える。

人証調べは集中して行う（集中証拠調べ。法一八二条）。具体的には、単独事件なら一期日（午後一、二時間から午後全部）が通例であり、大きな合議事件でもほぼ連続した二期日（全日）までで終了する例が大半である。

それ以上の時間をかけても、尋問が枝葉末節にこだわっていたずらに細かくなり、あるいは以前の尋問の結果の一部をとらえてのだめ押しや揚げ足取りに類した尋問が増え、かえってわかりにくくなったり、緊張感が失われてだれる場合が多い。

ここでも、準備書面や書証の場合と同じく、長いほうがよい、多いほうがよいとは必ずしもいえないとの原則は当てはまる。それぞれの事案に応じ、「適切な数の人証について適切な時間で尋問を行う」ことが大切だ。

以上のような観点から、尋問時間は、人証採用時に、必ず、双方当事者と裁判官の間で確認しておくべきである。

主尋問の長さは、後記の陳述書を前提とする現在のシステムでは、特別な事件でない限り、三〇分、長くとも四〇分程度まででであろう。尋問事項が限られている場合にはより短くて足りる。反対尋問は、本来は主尋問の六、七割程度まででで足りるのではないかと思うのだが、ほとんどの場合「同程度まで」との希望が出、僕は、そのようにしていた。

また、僕は、実際の尋問時間については、尋問の内容が適切であって冗長にわたらないにもかかわらず時間内に収まらない場合には超過することもやむをえないと考えていたから、無理な制限はしなかった（実際には、たとえ冗長にわたっていても、まあ仕方がないかなという程度であれば〔すなわち、よほどのことがない限り〕、強く制限はしなかった）。

僕は、右のような観点から、とりあえずの尋問予定時間をたとえば合計二時間などと定めるとともに、そのあとにも予備の時間として三〇分から尋問予定時間が長い場合には一時間程度、あるいは午後の残り時間全部を確保していた。どんなに長くともこの範囲では終えてください、との趣旨である。

そのため、予定時間超過で期日を続行したことも、予定時間を超過しそうだからというので弁護士に尋問を切り詰めるように強く促したことも、ほとんどなかった。先のようなゆとりをみておけば、双方の弁護士も、できる限りそのゆとりの時間をさらにはみ出すことはないよう、努力してくれるものだ。

尋問の順序については、民事訴訟法では、一応の原則としては証人尋問を先にすることになっている（法二〇七条二項）。しかし、すでにふれたとおり民事訴訟の証人に中立的立場の者はまれであることから、当事者が同意する場合には、事件の全体像を知っている当事者本人から先に行うほうがわかりやすいことが多い。

いずれにせよ、各人証を尋問する順序についても、証人の実際の出頭時刻にも関連する

（長い時間は法廷にいられないという証人もいる）から、人証採用時に決めておくべきだ。

なお、僕は、当事者の反対がない限り、後に尋問する証人を含めた関係者全員が在廷するかたちで尋問を行うことが多かった（規則一二〇条）。そのほうが尋問が活性化されるし、先に尋問を行った者Aに対して、後の人証Bの尋問終了後に、Bの供述を聴いたことを前提として補足的な尋問を行うと、より立体的な心証を得やすいからだ。

もっとも、証人どうしの口裏合わせの可能性がある場合や当事者の反対がある場合には、後に尋問する証人は在廷させないのが適切であろう。

事前の陳述書作成

本人、また代理人が接触可能な証人（裁判所に呼出しをしてもらわなくても法廷に同行できるような証人）については、原則として、主尋問の内容を、「陳述書」というかたちで事前に提出させているのが、現在の実務である。

準備書面と陳述書の内容はおおむね対応しているが、準備書面は、弁護士が主要事実を中心として法的な主張を組み立てる書面であるのに対し、陳述書は、弁護士がその構成や作成に協力することが多いとはいえ、基本的には、本人や証人の視点から、紛争に関して起こった事柄を時系列に沿って語ってゆく内容の書面である。つまり、陳述書には、法的な評価や構成が入らない生の事実が記載されている。そのため、普通の人でも、読めばおおむねスムーズに理解できるような内容となっている。

陳述書は、主尋問準備のためにも役立つし、反対尋問との関係では事前の証拠開示的な意味合いをもつ（相手方の主尋問の内容がわかるということ）。

僕が裁判官になったころ（一九八〇年代）の人証調べは、ことに合議事件の場合、さみだれ式に数期日かけて行われることが多く、きわめて非効率的だった。現行民事訴訟法制定の一定程度前の時期から陳述書の提出が慣行化したことによって、尋問の内容が細かくなりやすい傾向のある（これはおそらく国民性が関係）日本の法廷においても短時間の尋問が可能になり、人証の集中証拠調べも可能になったといえる。

これは、ある意味非常に日本的な慣行ではある（「弁護士も、本人や証人も、口裏を合わせて自分の側に有利なストーリーをでっち上げるようなことはしないだろう」という信頼感に基づいているという意味で）が、それなりの長所をもった慣行でもあるといってよいと思う。

もっとも、これについては明示的な法的根拠があるわけではないから、作成提出の強制はできない。しかし、当事者の一方だけが提出するというかたちは、陳述書の実質的な事前証拠開示的機能を考えるならばアンフェアになるから、一方が提出しないという場合には、他方の提出も、自発的にするものでない限り強く促さないのが適切であろう。

陳述書の位置づけについては、争点整理の補助として用いる方法も提案されたことがあるが、あまり賛成できない。可能性があるとしたら専門的な事項を内容とする陳述書の場合であろうけれども、基本的に、準備書面で説明すればすむことだ。

また、早い時点で提出される陳述書は、人証調べの段階で作成し直さなければならないことが少なくないし、相手方が細かく手の内を知ってしまうという結果をもたらす。あえて提出させるなら、少なくとも双方同時が適切であろう。

僕は、以上のような観点から、陳述書については、性質も実質も純然たる証拠（書証）であり、主尋問の内容を尋問前に明らかにして裁判官の理解に資するとともに相手方の攻撃防御のための準備にも資する書面ととらえ、人証採用後、人証調べ期日の一定期間前に、必ず同時に提出してもらうようにしていた。

なお、陳述書をもって主尋問に代える（主尋問を省略する）ことは、適切ではない。証人尋問という証拠調べの性格に反する上、陳述書だけで反対尋問を行うことは難しいし、双方代理人からの質問に対する口頭の陳述を聴くことによってこそ、心証が立体的に明確になるからである。

陳述書作成については、本人だけでするのではなく、弁護士が関与するのが通常である。

これも、陳述書の性格をどう考えるかと関連するが、主尋問を簡潔にする機能と並んで、前記のとおり、尋問（これは、主尋問、反対尋問を含めて）における攻防の対象を明確化し、効率のよい人証調べを可能にする機能（また、事前の証拠開示的な機能）をもつものと考えるなら、法的な観点を踏まえた弁護士の整理は、適切、必要であろう（素人による書面では、自分のいいたいことだけが脈絡なく記述されることが多く、先のような機能を果たすことは難しい）。

「弁護士が関与すると内容が加工されるのではないか」という批判もあるが、前記のとおり、民事訴訟の人証は大半が本人またはこれと関係の深い証人であり、また、いずれにせよ、弁護士による事前準備の過程である程度供述が整序されるのは避けられないことを考えるなら、大きな問題ではないというべきだろう。

むしろ、供述の内容が弁護士も関与した陳述書というかたちで一つのストーリーとしてまとめられることによって、供述の説得力、信用性、書証や経験則との整合性等が先鋭にあらわにされる（つまり、問題のある供述については、その弱点がかえって明確になる）ことのメリットのほうが大きいと考える。

なお、陳述書の適切な長さについては、通常の事案では、おおよそ四、五枚（長くとも一〇枚くらいまで）、複雑な事案であっても二〇枚くらいまで、と考えてよいであろう。これについても、準備書面同様、長過ぎるのは禁物である。

主尋問と「ナルシスティックな欲望」

陳述書を前提とする主尋問の機能は、その内容を具体化させ、ふくらみのあるものとして示すことだ。

ところが、これが意外に難しく、陳述書の内容をそのままなぞる域を出ないものが多い。かといって、要点を浮かび上がらせるように求めると、尋問している側にとって有利な事項についてのみ内容が集中し、より悪くなりかねない。

結局、淡々とうまく説明ができていればそれで十分ということになるのだが、少なくとも、①主要な争点と、②実際上争いのない事実、については常に意識しておくとよいと思う。②についてはあっさりと流し、①の部分に具体性をもたせる。

当然のことではないかと誰でも思うだろうけれど、実際にはそう簡単ではないのである。ことに、当事者間の対立の激しい事件では、えてして、「相手方を攻撃する要素ばかりが前面に出て肝心の①の部分がお留守になりやすい」から、注意が必要だ。

また、若手弁護士、反対に高齢の弁護士に時々みられるのが、周辺事情ばかりきいていて、いつまで経っても尋問が肝心の部分に入らない、というものだ。予定時間の半分くらいが過ぎたところで、「尋問内容は御自由ですが、時間は半分過ぎましたよ。争点に移ったほうがよくはないですか?」と促すことになる(そして、結局は予定時間をかなり超過する例が多い)。

さらに、まれではあるが、主尋問なのに弁護士がしょっちゅうつかえている例がある。これは、明らかに準備不足である。必要な書証が、また長い書証の中の指し示すべき部分が見つけられないという例も結構多い。当然のことながら、付箋を付けてすぐわかるようにしておくべきであろう。依頼者の前で恥をかかせるのは酷なので多くの裁判官はじっと待っていると思うが、もちろん、内心穏やかではないのである。

さて、哲学者ジャック・デリダは、「形而上学の歴史は、絶対的な自分が語るのを聴きたいという欲望の系列である」という趣旨のことをいった(『声と現象』)。

その意味するところはかなり異なるものの、このデリダの言葉は、尋問、ことに主尋問のあり方について示唆的である。

準備書面同様、主尋問では、「尋問でなくては伝えられない情報やその信用性を裁判官に伝える」という目的を常に念頭に置くべきであり(もっとも、だからといって常時裁判官の方を向かせて答えさせる必要はない。自然な姿勢で答えてもらえればそれでよい)、それを超えて、「自分の側の『声』、自分の側が満足できる『声』を、発させたい、また、聴きたい、というナルシスティックな欲望」に負けていないかを常に検証しながら尋問するとよいと思う。すぐれた弁護士は、常に、「裁判官に伝える」という目的を忘れず、そのような欲望に負けることがない。この点は、当事者本人も理解しておくべきだ。これは、いいかえれば、「あなたをうれしがらせるような主尋問が裁判官を説得するとは限らない」ということである。

「逆効果」になることもある反対尋問

さて、主尋問よりもはるかに難しいのが反対尋問だ。

反対尋問は、本来は、必ず行わなければならないものではない。主尋問で相手に有利な供述が出ていなければあえて行う必要はないともいえる。その見極めは難しいとしても、要点にしぼって尋問することはできるだろう。

反対尋問の本則は、主尋問の供述に確実に突っ込んでゆける部分、矛盾を突ける部分について行うということだ。

割合成功することが多いのは、主尋問でそれが行われたとの供述がされた具体的な行動について、その細部や周囲の状況、前後の経緯などを尋ねることによって、「実際にはそのような行動はなかったのではないか」を問うてゆくものである。

たとえば、証人がある店で会議を行ったと証言した場合に、その店が風俗営業的な部分を兼ねた飲食店であったこと、店内は狭くて混み合っていたこと、照明が暗かったことなどを尋問で明らかにし、その上で、「その店はおよそ会議ができるような場所ではなかったのではないですか？ 実際にはあなた方は会議などしていなかったのではないですか？」ととどめを刺す、などといったものだ（『ニッポン』一六九頁参照。逆に、なかったというものについて、あったのではないかと問うてゆくパターンもあるが、これにはより技術を要するかもしれない）。

僕が裁判官時代のアメリカ在外研究（一九八二年度の一度目の在外研究）で見た反対尋問は、おおむね右のような内容について、主尋問よりはかなり短い時間で、また、比較的効果が高いのではないかと考えられるような質問にしぼって、行われている例が多かった。比較すると、残念ながら、日本の民事訴訟における反対尋問のあり方には、そのころから僕が学者に転身するまでの三〇年間、さほど大きな進歩がみられなかったというのが事実だ。

一般的にいっても、言い争いに近い内容のものは平行線をたどるばかりで成功しないが、想像力をはたらかせて事実や状況を具体的に問うもの、そのために書証を的確に用いるものは、成功しやすいといえる。

前者の典型としての、主尋問の内容に逐一論争的に反駁する長い反対尋問については、実際には、自己満足に終わっていたり、それにとどまらず、かえって裁判官の心証を不利な方向に固めていたりする例が多いことに注意すべきである。

そして、いったんそうした傾向におちいると、「やればやるほど供述者の供述の正確さや信用性を高めるばかり」という「逆効果反対尋問」の典型になる。反対尋問は、本当に「引き際が肝心」なのである。

また、反対尋問の場合、遠いところから始めて核心に至る例があるのはわかるが、争点との関連性が全く不明の尋問が何分も続くのは、いくら何でもおかしいだろう。それに、そこまで遠い尋問は、やはり結局は自己満足的であることが多く、あまり成功しないものだ。

さて、反対尋問で多いのが、「誘導質問」と「意見の陳述を求める質問」だ（規則一一五条二項参照。いずれも、本来してはならない尋問なのだが、実際にはしやすい）。

前者の典型が、「実際には、こういうことなのでしょう？　そうなんでしょう？」と尋問者の望む答えを強要する、「問いが答えを含む質問」である。これは答えようがない。供述者が虚偽の供述をしていると思われる場合にはついやりたくなるものだが、せいぜい一言、二言程度にとどめるべきだろう。

当事者本人による尋問は、これが非常に多く、さらに、個々の質問が延々と長くなりがちなので、本人が自分で尋問を行う場合、この点にはよくよく注意する必要がある。

意見の陳述を求める質問は、民事事実認定に評価的な要素が強い（生の事実を問うよりも法的な意味を含んだ事実について問う傾向が強い）ことを考えると、一概にいけないとまではいえない場合もある。しかし、これも簡潔でありたい。

また、優秀な弁護士でもすることがあるのが、「だめ押し質問」である。すでに答えているのに、「あなたはそんなことをしていいと思っているのですか？」とか、「それは明らかに過失でしょう？　認めなさいよ」とかいった評価的な質問をさらに続ける。これはつつしみたい。

適切な外濠《そとぼり》の埋め方

反対尋問の実際については、僕が、大学の模擬裁判（模擬裁判では、現実によくあるタイプの事案を教材にしている）において、学生たちの尋問の後で、裁判官席に座り、一つの手本として行ってみせた反対尋問的な補充尋問の実例を一つ挙げておこう。

「反対尋問はまず周囲を固めて（外濠を埋めて）から核心に入ってゆくべきものだ」というのが要点、焦点である。事案および争点（貸金か贈与かが問題）自体は前記のとおりままあるものなので、僕の補充尋問の内容も、過去に実際に法廷で行ったものを応用、精錬している。

事例5

事案は貸金請求であり、争点は、原告が、被告である「原告の娘の元夫」（つまりかつての義理の息子）に交付した五〇〇万円の金銭の趣旨が、消費貸借（貸金）か贈与かということである（原告は貸金を主張し、被告は贈与の積極否認をしている）。

金銭の交付はある年の五月。その年の一〇月には被告の家屋が新築されている。原告としては、「被告に対する金銭の交付と家屋新築の因果関係」を明らかにして、貸金の主張を補強したい。

さて、それでは、原告側が被告本人尋問でこの点を攻めてゆく場合には、どのような尋問を行えばいいだろうか？

原告代理人たち（学生たち）は、「家を新築するためにお金を借りたんでしょう？そうじゃないんですか？　違うんですか？」といったたぐいの質問に終始していた。

僕が行ってみせた補充尋問は、以下のようなものである。

裁判官「〇〇年の一〇月に家が建ったんですよね？」

被告「はい、そうです」
裁判官「大工さん？　それともプレハブメーカー？」
被告「プレハブです」
裁判官「最近のプレハブはよくできていますよね。私の家もプレハブです。ところで、洋風ですか？　和風ですか？」
被告「和風です」
裁判官「どこの会社？」
被告「○○林産です」
裁判官「ああ、私の家の近所にもありますよ。あそこは割安でいいものを建てるそうですね？」
被告「（うれしそうに）そうなんですよ。プレハブという感じがしないのがいいところです」
裁判官「住宅展示場とか御覧になって決められた？」
被告「はい」
裁判官「どこの展示場ですか？」
被告「近所を含め、車で行けるところは大体見ました。一生ものですから」

裁判官「うんうん。たくさん見られたわけだ。いつごろから見てまわられていたのかな？」
被告「家を建てた前の年の秋からですね」
裁判官「家が建ったのが一〇月ですよね」
被告「はい」
裁判官「すると、メーカーとの契約書に署名されたのは何月ごろかな？」
被告「何月だったかなあ……」
裁判官「プレハブでも、和風だと、建つまでに結構時間がかかりますよね？」
被告「ええっと、あの、契約は、六月でした。……だったと思います（ちょっとまずいことになってきたことに気づくが、もう遅い）」
裁判官「（被告代理人に対して）後から契約書を書証として出してくださいますね？（被告代理人了解。これは重要な書証のはずなのだが、原告側の学生たちは、これを提出するよう被告側に求めていなかった）
さて、家の建築に要した費用はいくらでしたか？」
被告「二五〇〇万円です」
裁判官「家だけでですか？　外構等も含めてですか？」

被告「外構等も含めると、二八〇〇万円です」
裁判官「契約時のあなたの貯金はいくらくらいありました？　また、年収はいかがでしたか？」
被告「貯金は三〇〇万円、年収は四〇〇万円でした」
裁判官「そのころの義理のお父さん（原告）から渡された五〇〇万円は、何に使いましたか？」
被告「家を建てるためです」
裁判官「貯金三〇〇万円、お父さんから渡されたのが五〇〇万円。残りの二〇〇〇万円がローンですね？」
被告「はい」
裁判官「ローンが年収の五倍ということですね？」
被告「はい」
裁判官「あなたの陳述書によれば、このころには、あなたは原告、当時の義理のお父さんと大変仲がよかったようですが、住宅展示場をまわっていることなども、話す機会はありましたか？」
被告「さあ……。はっきりとは覚えていません」

裁判官「御家族で週末に当時の奥さんの実家である原告の家に遊びに行かれたことは、多かったようですね？」
被告「はい」
裁判官「住宅展示場を見た後で、そのまま実家に行かれたようなことはありませんでしたか？」
被告「……あったかもしれません（この尋問の結果が自己に不利であることをはっきり認識している。このことは、和解においても、判決においても、彼の納得を得る上で重要だ）」
裁判官「双方代理人に追加の質問がなければ、これで終わります」

いかがであろうか？

もちろん、当事者本人は、裁判官に対しては、相手方代理人に対するよりもはるかに無防備だから、そのすきを突くこともより容易ではあるのだが、それでも、正面から尋ねれば、絶対に決まり切った答えしか返ってこない。当事者本人は代理人と打ち合わせや尋問の予行演習を行っているのだから、そのような質問については、当然予期している。

ところで、前記の尋問が、どのように外濠を埋めていっているか、おわかりになるだろうか？

尋問は、被告をリラックスさせ、その警戒心を解かせるための雑談的なものから始まり、徐々に核心に入っている。

そして、①家を建てた年の前年秋から被告はその計画をしていた（少なくとも住宅展示場はまわっていた）、②被告がプレハブメーカーと契約したのは、原告から金銭を受け取った翌月だった、③外構をも含めた家の総建築費二八〇〇万円に対し、当時の被告の貯金は三〇〇万円、したがって、原告から受け取った五〇〇万円を勘定に入れても二〇〇〇万円のローンが必要だったが、これは被告の年収額四〇〇万円の五倍（ローン限度額の一応の目安とされることが多い）に当たる、といった事実が明らかにされていっている。

これらの事実は、交付された五〇〇万円が贈与ではなく被告宅建設のための貸金だったことを推認させる有力な事実であるといえる。つまり、被告が家を建てるには原告からの五〇〇万円がどうしても必要だった、だから、その金銭は、機会的な贈与などではなく、頼んで借りたものである可能性が高い、ということだ。

もちろん、被告の答え方により、その時点における信用性判断は異なってくるから、具体的な質問も異なってくる。前記の尋問は、提出されている書証等を踏まえつつある程度探りを入れてみた上で、「どうも家屋新築資金を得るための貸借という線で間違いなさそうだな」という印象を抱いた場合の尋問ということになる。

先にもふれたとおり、弁護士が尋問する場合には技術や工夫がより必要であるとしても、反対尋問という以上、**事例5**のそれに準じた程度の成果を挙げる尋問は行っていただきたいのである。しかしながら、それが行われることはめったになく、僕は、しょっちゅう、反対尋問に代替する内容の補充尋問を行っていたというのが真相だ。

虚偽供述ないし偽証はどのくらいあるのか？

人証については、非常にシリアスな問題でありながら日本ではあまり本格的な議論が行われてこなかった「虚偽供述」の問題にもふれておきたい。偽証罪（刑法一六九条）の問題にふれると議論が錯綜するし、日本では民事訴訟における証言に偽証罪が適用されることも現状ではあまり現実性がないから、当事者尋問をも含めた人証全体について、「ごく普通の意味で虚偽の供述といえるか否か？」との観点から検討してみよう。

これについては、裁判官たちの印象、感じ方に大きな差がある。「まるで偽証の林を駆け抜けながら裁判をしているようだ」という意見から、「大体においては虚偽のことまでは述べていないと思う」という意見まで、幅が広い。

このように意見が分かれることについては、いくつかの理由が考えられる。

①第一に、民事訴訟における供述の内容が、多くは、刑事訴訟におけるそれの場合のようにある時点における一つの事実（窃盗、傷害、殺人等）についてではなく、長い時間の経過の中での、かつ、かなりの程度に評価的な事実についてのものであることを考えるべきだ。つまり、民事訴訟における供述には評価的な要素が強いから、供述者の主観で潤色される度合いもまた大きく、したがって、その評価も裁判官によって異なりうるということだ（刑事訴訟でも、評価や主観に左右される部分が普通よりも大きい特殊な経済事犯等では、同様の要素が強くなる）。

②第二に、やはりすでにふれた、民事訴訟における人証の党派性ということがある。民事訴訟では純然たる中立的供述者は非常に少なく、むしろ、本人、本人の知人、会社等の代表者（社長等）やその事案の担当者等、対立当事者、あるいは対立当事者のいずれかの側にある証人といった供述者が多いのである。

③第三に、以上のことから、意図的な記憶の改竄《かいざん》（「虚偽の事実」を語る、「嘘」をつく）とまではいかないとしても、無意識的な「記憶の変容、改変」が、生じやすい。民事訴訟では、供述者の供述が客観的で確実な証拠とは明らかに食い違っているにもかかわらず、供述者は、反対尋問でも頑としてそれを認めない（供述を変えない）ことが、まれではない。

このような場合、実際には、供述者の記憶は変容しかかっている、あるいはすでに変容してしまっていることが多いのではないかと思う。

「一貫性のある絵を描きたい」という人間の脳の特質

このことに関連していえば、僕たちの記憶は、多かれ少なかれ、変容、改変されているものであって、かなりの程度に内省的で理知的な人間であっても、これを完全に免れることは難しいものなのである。ことに、広い意味で自己の利害に関係の深い事実についてはそうである。

この点については、僕の体験的考察を少し記しておきたい。

自分でもあっと驚くことがあるのが、何度も見た映画のある特定のショット、ことにそのショットにおけるカメラの位置、あるいはショットとショットのモンタージュについての記憶が、現実の映画と微妙に異なっている場合があることだ。文章や歌詞についても同じようなことがある。

映画のショットの場合だと、僕自身が（無意識に）感じていた、よりよいと思われるような人物の配置や表情、カメラの位置に合わせて、記憶のほうが変形されている例が大半だ。文章や歌詞でもこうしたことは起こる。つまり、無意識のうちに、記憶が、自分の美意識にとってベターと感じられる方向へ、非常に細かな部分ではあるにせよ、改変されているのである。

子どもには、こうした無意識の記憶の改変が生じやすい。そして、大人である僕たちも、実は、日常生活や仕事の中で、自分に都合のよいそうした記憶の改変をたびたび行っている。それは、ある程度は、生きるための知恵であり、本能に基づく行為でもあるだろう。どこかにうっすらと虚偽の意識があるがそれをおおい隠し、しいて、自分を正当化するほうの「記憶」にすがりつき、親や兄弟、夫や妻、あるいは同僚や友人と言い争う、そうした経験については、誰でも、胸に手を当てて考えてみれば、思い当たる節があるのではないだろうか。

先の「本能」という言葉について一言敷衍しておこう。人間の脳の営みの興味深い特質の一つとして、それが、「何がなんでも統一された一貫性のある絵を描きたい」というこだわりをもっていることが挙げられる。

僕たちが網膜上の盲点の存在に気づかないこと（脳が盲点に相当する部分の映像を補充してしまうから）、各種の錯覚現象、脳の器質的欠陥に基づく各種の「明白な事実（たとえば自己の疾病）の否認症例」は、それを裏づける。整合性のある閉じた回路を形成しようとする傾向は、脳の生理学的な構造自体に基づく特質なのではないかといわれている（脳の作話能力の本質的性格。拙著『リベラルアーツの学び方』〔ディスカヴァー・トゥエンティワン。以下、『リベラルアーツ』と略〕、あるいは『民事訴訟の本質と諸相――市民のための裁判をめざして』〔日本評論社。以下、『本質と諸相』と略〕の脳神経科学に関する記述参照)。

このような脳の本性は、人証調べにおいて本人や証人が故意に嘘をつくよりも、自分に都合のよいように構成された「(無意識的)作話」をする例のほうがはるかに多そうであることと、深く関連していると思われる。

長年の裁判官としての体験を踏まえて率直にいえば、「そうした記憶の変容、改変を内省的に意識化することのできる人間は、むしろ、まれなのではないか?」と僕は感じるのだ。ことに、先の、映像や文章の改変のような微妙なものになると、それらを再度見たり読んだりしない限り決して認識できないくらい鮮やかに記憶は変わってしまっている。現実の映画のショットではない、それにきわめて近いけれども異なるヴァリエーションが、僕の記憶の中には、はっきりと形成されてしまっているのだ。

人間の記憶のこうした微妙な性格については、法律家も、訴訟にかかわることになった人々も、どこかで認識しておいてほしいと思う。また、法律家は、刑事訴訟における目撃証人の記憶の不確かさ等について論じた心理学者の研究なども、一度はよく読んでおくべきだろう(なお、子ども時代の性的虐待の記憶の真実性等についての研究で知られる心理学者が、エイリアンに拉致されたと信じる人々の記憶を詳細に検証したスーザン・A・クランシー著、林雅代訳『なぜ人はエイリアンに誘拐されたと思うのか』〔ハヤカワ文庫〕も興味深い）。

自己のみるところの事実への固執

さらにいえば、この、記憶の変容、改変という問題には、日本人の国民性、民族性も関係しているかもしれない。

①第6章の最後の部分でふれた「みずからの主観的確信に対する耐性のなさ（日本では、弁護士でさえ、みずからの依頼者に対して、客観的根拠に基づかない信用を置きがちになる）」、②「事実は一つでありそれは究明できるはずであるという素朴な認識論、事実認識の相対性を認めない認識論」（久野収、鶴見俊輔、藤田省三『戦後日本の思想』〔中央公論社等〕中の「大衆の思想」参照）などの要素がからみ合って、かえって、「自己のみるところの事実への固執」を招くのである（たとえば、テレビの定番人気番組である超常現象ものをちょっと見るだけでも、そうした認識構造の特質がよくわかる）。

なお、②について付け加えておくと、これは、「すべての物事はある視点からみられた相対的な真実にすぎず、それを超えた絶対的真実などない。あるいは、少なくとも人間には認識できない。また、それは、裁判で明らかにできるようなものでもない」といった「経験論的なリアリズム」とは全く異なるものである（僕は、『哲学と意見』や『リベラルアーツ』で、鶴見らによる先の書物等の分析に基づき、これを、「べったりリアリズム」と呼んでいる)。そして、このような素朴な認識のあり方に対する内省と批判は、戦後日本における大きな思想的課題の一つでもあった。本章の冒頭で論じた映画『羅生門』も、まさに、透徹した、苦い視点から、「真実の相対性」というテーマに挑んだ作品といえよう。

加えて、③一神教の伝統のある民族のように神の目の下で良心に照らして供述を行うという伝統には乏しく、「嘘も方便」どころか、柳田國男に、『不幸なる芸術』という嘘に関する考察の文章まであるとおり、「目的が正当であれば、場合によっては、ある程度記憶や言葉に手心を加えてもいいよね?」という伝統の国なのだから、前記のような記憶の変容、改変も、単に素朴なレヴェルにとどまらず、場合によってはそれこそ芸術レヴェルにまで洗練されてゆきやすいのである。

供述の信用性に関する私見

ここで、このテーマに関する僕の考え方をまとめておこう。それは、おおむね、先に記した裁判官たちの「二つの感じ方、意見」の中間にある。

まず、内省的に、隅々まで真実のみを述べようとする供述者は、残念ながらそれほど多くはないと思う。せいぜい二割くらいだろうか。しかし、意外なことだが、離婚訴訟では、時には、非常に正直に、自分に不利な事柄まで含めて淡々と事実を述べようとする本人がいた（こうした場合、その相手方のほうの供述態度は、逆に、あまりよくないことが多かった）。

多くの供述者の態度（残りの八割くらいの大半）は、おそらく、「主観的には、なるべく本当のことを言いたい（できれば虚偽のことは言いたくない）と思っているが、それでも、自分に不利な事実は認めたがらないし、場合によっては相手方に不利な事実を根拠なく述べる場合がある」といったところだろう。

全体としてみると、「少なくとも、自己に有利に変容、改変された記憶・認識・事実の評価の範囲をなるべく超えないように努めてはいる」ということだ。そして、反対尋問に対しては、時には、不利な事実をやむなく認めることもある。一方、正面から質問に答えずに問いからそれて別のことを答えようとし、あるいは、言い訳をしようとすることもある。

まれにある（二、三パーセントくらいだろうか）のが、確信犯的な虚偽供述である。これは、客観的な証拠と食い違う部分や経験則上不自然な部分をやたらに強調する傾向があるので、とても目立つ。いわゆる「真っ赤な嘘」である（こうした場合、裁判官は、判決の中で、「採用できない」といった穏健な表現を使わず、「到底信用できない」、「きわめて信用性に乏しい」といった表現を多用して、そうした供述を排斥することが多い）。

民事紛争、ことに、割合古い社会（古い慣習やものの考え方が残っている地域）で起こる紛争には、常習的虚偽供述者、詐欺師一歩手前の人物（いわゆる「平気で嘘をつく人々」）が中心的人物の一人としてからんでいることがままある。

こうした人物の供述は、大量の嘘と少量の真実が分かちがたく入り交じっているので、どこまでが嘘でどこからが本当なのかの判断がつきにくい（おそらく、自分でもよくわからなくなってしまっているのだろう）。しかし、供述は全体としてあいまいで矛盾に満ち、いずれにせよ信用性はゼロなので、こうした人物を証人に立てても、かえって不利になることが多い（こうした人物の言い分を弾劾するために尋問する場合は別だが、そのような場合には、その人物は、証人として呼び出されても、まずは出頭しないだろう）。

さて、以上を前提として、供述の信用性を判断するに当たっては、供述者の性格や知的能力をみることが重要である。

たとえば、知的で内省的な人間は、虚偽の事実を述べるのが非常に苦手で下手だ。態度や顔色、声の調子などですぐにわかってしまう（時には、ある意味で痛々しいほどである）。

また、知的能力が高くても自己の非を絶対に認めないタイプの人間は、非常に精緻な「変容された物語」を組み立てることが多い。こうした物語は、細部はそれなりに整っているのだが、全体としてみると真実性が稀薄で嘘っぽい。

一方、知的能力が特別に高いわけではない人間、あるいは比較的素朴なタイプの人間（つまり、個々の尋問の自分にとっての有利不利について細かく思いが至らない人々）が、主尋問でも反対尋問でも淡々と一貫した供述を続ける場合には、非常に信用性が高い。

それでは、以上のような状況についてどう考えるべきだろうか？

おそらく、裁判官には、「まあ、そのままに肯定はしにくいがやむをえない。日本だけの現象ではない」といった感覚でみている人が多いのではないだろうか。僕も、大筋同様の意見だ。

もっとも、文書偽造の問題については、たとえば、妻が関与したとされる契約（よくあるのは夫の債務についての連帯保証契約や抵当権設定契約）について、夫が「自分が勝手に偽造しました」という陳述書を出し、主尋問でもそう述べる場合（妻を当事者とする訴訟で夫が妻側の証人として証言）、相手方代理人が、「私文書偽造（刑法一五九条）か偽証（同一六九条）のいずれかに該当するから告訴する」と息巻くのは、当然であると思う。

確かにいずれかには当たると思われ（本当に偽造したというのなら私文書偽造、実は妻が契約しているのにそれを隠すために「自分が偽造した」と証言しているのなら偽証）、こうした場合についてまで民事がらみの紛争ということでそのまま放置されていてよいのだろうか、という思いはある。

真実の相対性

最後に、人証調べという制度に関して僕が一つ指摘しておきたいのは、「交互尋問」というシステムそれ自体が、手続保障にかなない、真実発見に資するのはもちろんだが、ある程度の虚偽供述が尋問の結果に含まれることを暗黙の前提とした「テストの方法」として組み立てられているのではないかということである。

仮定の話になるが、信頼性が限りなく一〇〇パーセントに近い精密な嘘発見器が製造されたとして、双方当事者が同意したら、民事訴訟の尋問にそれを用いることが許されるだろうか?

これが許されるならば裁判はきわめて楽になるが、僕には、それはやはり難しいかもしれないという気もする。その理由は、たとえば、裁判制度は人間の尊厳と自由にその一つの基礎を置いているといったことに求められるのではないだろうか。

次章のテーマ（事実認定）にも関連するが、民事訴訟、民事事実認定は、たとえ種々の制約や条件がそれに伴い、一定の限界はあるとしても、あくまで、人間（裁判官）がその知力の範囲内で証拠を評価し、法的常識によって判断を下すことが望ましいという前提の下に、組み立てられている制度だと思う。

つまり、「絶対的な真実」を求めるというよりは、「相当に蓋然性が高いレヴェルのものであるとはいえ相対的な真実」に基づく「バランスのよい判断」を求めるものであろう。供述の信用性の問題は、たとえばそうした観点（民事事実認定の限界や相対性）からも考察されるべき総合的な問題ではないかと思うのだ。

いずれにしても、本章の冒頭に記したとおり、最初に世界的に認知された戦後日本の芸術の一つ（映画のほう）のテーマが、「事実」や「真実」のわからなさ、愛と憎しみの力によって容易に変容、改変されうる人間の認識と記憶のもろさであったという事実は、きわめて興味深い。

そうしてみると、法律家の議論は、もしかしたら、建前論によって濁らされ、かなり遅れているのかもしれない。

3　鑑定

専門家の知識

鑑定とは、「専門的経験則や専門知識、あるいは事実にこれらを適用して得た鑑定人の判断」を報告させるかたちで行われる証拠調べである。例を挙げれば、医師に、その専門知識に基づいた医学的な経験則について尋ねる、その事案の医学的争点にかかわる事実にそれを適用した結果を尋ねるなどの例がある。

ほかに、建築家、ＩＴ技術者、各分野の科学者、不動産鑑定士等が鑑定人になる例が多い。鑑定の対象となる事柄も多くは科学的事項であり、医療関係訴訟で最も多く用いられてきた。ほかに比較的例が多いものとしては、不動産の適正賃料、建築の瑕疵、筆跡や押印の真否等がある（最後のものは近年減っているが）。

一般的経験則については裁判官はこれを知っていることが期待される。しかし、専門的経験則については、これを期待することはできないし、たとえ裁判官に私知（私的な知識）があったとしても、それを利用することは、適切ではない。判断の客観性が担保されず、上級審や国民がこれを客観的に検証することもできないからである。

要するに、裁判官は、専門的経験則については、専門家の知識、また専門的事項についての判断を尊重してその知見を利用すべきだというのが、鑑定という証拠調べが存在する意味である。ここでも、「裁判の客観性」が制度の目的となっている。

鑑定に際して裁判所および当事者が最も気をつけるべき事柄は、鑑定事項の確定である。これに問題があると、適切な鑑定結果も得られないからだ。

避けるべき鑑定事項の例としては、①直接に法的判断（たとえば過失の有無）を求める質問や問いの中に法的評価（たとえばその事案にかかわる医師が属する医学的世界の医療水準等）を含んだ質問、② 科学的に意味のないとされる（回答不能な）質問（たとえば生命現象についてその確率をパーセンテージで問うような質問）、③ 鑑定事項についての条件づけを含む質問（たとえばある時点である症状があったことを仮定しての質問）、④ 内容が多岐にわたって整理されていない質問、などが挙げられてきた。①が不適切なのは、法的判断・評価自体は裁判官の職責だからだ。もっとも、①ないし③については、事案によっては「そのような要素」を含んだ鑑定事項を採用せざるをえない場合もあるとは思う。

実際には、当事者の提出した鑑定事項そのままでは不適切、不正確な場合も多く、僕は、これを練り直した上、弁論準備手続で双方代理人の意見も聴いて、最終的に確定していた。前章でもふれたとおり、裁判官の基本的な論理的能力が試される場面の一つである。

鑑定意見の提出方法については、書面または口頭による（法二一五条一項）。鑑定は、費用がかかることもあって、相当に争いのある複雑な事項について用いられる例が多いため、ほとんどの場合は書面（鑑定書）によっている。当事者に十分な検討の機会を与えるという観点からも、書面のほうが適切であろう（口頭で簡単な説明を得れば十分な場合には、専門委員〔法九二条の二以下〕の利用によればよいという事情もある。専門委員は、非常勤の国家公務員であり、争点整理、証拠調べ、和解に関与して、専門的な知見に基づく説明を行う。やはり、医師をはじめとする専門家が任命される例が多い。これは、近年採用された制度の中では成功しているものの一つである)。

鑑定人質問(鑑定書が提出された場合に当事者からこれについて質問を行いたい旨の申出があって行うのが通常)においては、証人尋問とは異なり、まず鑑定人が意見の陳述を行い(鑑定書がすでに提出されている場合の質問であれば、この部分は省略される)、その後、裁判官、鑑定申出当事者、他の当事者の順序で行うことが原則とされている(法二一五条の二第一項、第二項、規則一三二条の三)。当事者とは関係のない客観的な供述者だからであり、また、当事者の質問を先にすると過度に論争的、攻撃的な質問が行われやすいからである。

なお、科学的事項については、当事者が鑑定書を提出する例も多く、これは、「私鑑定」といわれる(正式の鑑定では、当事者が裁判所に対してその申立てをし、採用決定の後に裁判所が鑑定人を指定する)。「私鑑定」の精度はまちまちだが、医学、自然科学等の場合には、高いこともままあるので、十分な検討が必要である。

私鑑定の性格については、裁判所が採用する正式な鑑定の場合のような制度的保障がないから、双方当事者の合意がない限り「当事者の主張」として扱うべきだとの考え方もあるが、実務では、書証として扱い、その作成者を尋問する場合には、鑑定人質問ではなく証人尋問によっている。

なお、鑑定費用、ことに医師が行う鑑定のそれはかなり高額である（僕の経験では、七〇万円から一〇〇万円くらいが多かった）。これは訴訟費用になるので、勝訴すれば相手方から取り立てることができる。

4　検証

山林の境界は現場を見ないとわからない

検証とは、裁判官が、その五感の作用（補助的に機器を用いる場合をも含む）により、事物（物、場所、人）の存在、性質、作用等を感得する（「見る」のが中心）かたちで行われる証拠調べである。

裁判官が、「他者の認識や判断を介することなく、直接に証拠方法（証拠調べの対象となる有形物）から自己の認識を得る」という点が、ほかの証拠調べと異なる。

たとえば、文書についても、その記載内容ではなく、作成年代という観点から紙質や傷み具合を調べたり、その文書が本当に挙証者（書証提出者）の主張する者Aによって作成されたか否かを判断するために、文書中の署名等を、間違いなくAの作成にかかる対照文書

（たとえば作成時期の明らかな葉書や手紙〔封筒を含む〕等）の筆跡と照合したりする場合、裁判官が行っていることの性質は、検証である。

もっとも、実務で実際に検証の申立てがある場合といえば、境界確定訴訟の現場の検証、公害訴訟における被害状況の検証（たとえば現地で騒音の測定を行う）等が典型的なものである。昔は山林の境界確定訴訟が多かったが、これについては、「山林の境界は現場を見ないと全くわからない」ということがよくいわれていた（これは事実である。現場に行ってみないと、本当にわからない）。

過去の実務では、検証は、主として検証調書を作成するのが大変であることから、裁判所、ことに書記官からいやがられることが多かった。そのため、境界確定訴訟や事故の現場を見る、公害等の具体的被害状況を知るなどの本来であれば検証としての証拠調べが行われるのが適切な場合に、裁判官と書記官が事実上現場に行って、双方当事者の説明を聴きながら「事実上の検証」を行ってすませる例がかなりあった。

現行民事訴訟法の下でも、裁判所外における進行協議期日（規則九七条）というかたちでこれが行われることは、ままあるだろう。もっとも、その場合には、裁判所がその期日に実際に何を行ったかだけは最低限調書上明らかにしておくべきであり、また、当事者の一方が機器を用いて測定等を行った場合には、その正確性について裁判所や他方当事者も確認の上、その結果を書証として提出させるのが適切であろう。

いずれにせよ、判決をする裁判官は、現場の検証がふさわしい事案（ことに公害事案）では、どのようなかたちにせよ現場を見ておくのが適切だ。それが、僕がみずからの経験から得た認識である。

5　証拠裁判主義とその現状

証拠を軽視してはならない

以上のような証拠調べについてまとめ的な提言を置くとすれば、「裁判における事実認定は客観的な証拠によって行われるものなのだから（証拠裁判主義）、裁判官は、証拠を軽視してはならない。審理に当たっては何よりも証拠を大切にしなければならない」ということだろう。

日本の裁判官は文書提出命令について一般的に及び腰であり、また、近年は、弁護士たちから「みずからの思い込みで裁判をする裁判官が増えている。難しい事案でも、じっくり人証調べを行った上で自分の心証を再検討して結論を固めるという姿勢に乏しい人が多い」との批判も聞かれるところだ。

たとえば、沖縄県名護市辺野古《へのこ》の新基地建設に伴う埋立て承認取消処分を県知事が取り下げないのは違法として、国土交通相が知事を相手に起こした違法確認訴訟（いわゆる辺野古関連訴訟のうち最も有名なもの）では、高等裁判所を第一審とする特殊な訴えであるにもかかわらず、福岡高裁那覇支部は、被告側の人証申請のうち被告知事の本人尋問は認めたものの、名護市長ら八名の証人申請についてはすべて却下し、わずか二回の口頭弁論のみで結審し、国の主張にそのまま沿うような判決を下した（二〇一六年九月一六日）。

この判決は、内容のみならずその基本的な論理構成にも疑問が大きい。また、「統治と支配の根本原則にかかわる裁判では市民、住民側には適切な主張や立証（証拠調べ）の機会すら十分に与えようとしない姿勢」においても、手続法的なフェアネスを欠くものといわざるをえない。にもかかわらず、最高裁は、わずか三か月後の同年一二月二〇日、高裁の判断枠組みをそのまま追認する判決をしている。

「日本の裁判所は、控えめにみても、権力チェック機構としての性格が弱過ぎ、権力補完機構としての性格が強過ぎる」と僕がいうのは、たとえばこのような事態を指してのことなのである。

第9章　事実認定と裁判官の心証形成

この章では、裁判官が行う事実認定とはどのようなものかについて、これまでの章ではふれられなかった部分にしぼって解説する。「事実認定」は訴訟のコアともいえ、多くの事案では事実認定によって勝敗が決まる（法律論に関する争いで勝敗が決まる事案は、全体の中でみればごくわずかだ）。

事実認定の本質

抽象的に法理を論じるだけでは実務は理解できず、したがって、学生は、大学では主としてかなりの程度に観念的な理屈を記憶ないし操作するだけで（もっとも、それがきちんとできる学生は、実は、相当ハイレヴェルの学生である）、実務に入るとそれらを忘れてしまう。

それが、日本あるいは大陸法系の法学教育の大きな問題点であろう（なお、アメリカの法学教育の問題点は、体系的に教え理解させるという観点に乏しいこと、恣意に流れやすいことであろう。まさに一長一短なのである）。

日本の学生が、ひいては訴訟に興味を抱く人々が手続法を学ぶ上でその前提として知っておくとその理解をしやすいのが、「事実認定の本質」という事柄である。

民事事実認定については、これをリアリズムでみるならば、①演繹的《えんえきてき》なものなのであろうか（経験則を大前提とする推論の積み重ね）、それとも、②帰納的なものなのであろうか

（直感的、総合的な推測、判断）？

多くの教科書の記述は、①を前提として書かれている。しかし、実際には、僕は、その本質は、②の直感的、総合的判断作用ではないかと考える（『要論』第1部第13章、瀬木『民事訴訟法』の項目［325］）。また、僕が話したことのある裁判官の先輩たちの多くも、同意見だった。

裁判官としての経験が長くなるにつれて、人証調べを終えた段階では、書かれるべき判決の大要（正確にいえば大要についての「感触」というべきもの）が頭の中に形成されるようになってくる。そして、この「感触」は、演繹的な推論によってではなく、複雑で微妙な直感的、総合的認識としてやってくる。

書物や論文を書くときに、「これはもう書けるな」という感触が得られる時期までそのテーマが発酵するのを待っていると、文章（となるべきある観念）は割合容易に頭の中から流れ出してくる。そして、その瞬間には頭の中で激しい反応が起こっているように感じられる。そこにある「声」に耳を澄まして書き取ることに集中していると、自然に文章のかたちが整ってくる。

判決の場合には、そこまでの興奮、頭の中に何かが発酵しているような複雑な印象を抱くことは少なく、せいぜい、頭の中にできあがった審理の結果に関する判断とその根拠を淡々と書き下ろしてゆくというところなのだが、その本質は変わらないように思われる。

人間の頭脳のはたらき方自体が、非線形なもの、コンピューターの演算とは全く異なったタイプのものであるというのは、今では、脳神経科学の定説である（『リベラルアーツ』あるいは『本質と諸相』の関連部分参照）。

つまり、事実認定自体は直感的、総合的判断作用だが、それを後から検証する（頭の中で検討し直してみる、ことに判決書を書く作業としてこれを行ってみる）時点では、直感による認定について、演繹的、三段論法的な検証が行われているとみてよいと思う。したがって、判決になったものを読むと、いかにも演繹的な論理によって書かれているように感じられるのは、当然のことなのである。

また、事実認定は、「心証形成過程」と連続的なものでもある。暫定的な心証形成の過程がその時々で揺れ動きながら、最終的には定まったかたちに収斂《しゅうれん》してゆく。つまり、民事訴訟における審理の過程は、裁判官の頭の中では、最終的な事実認定に向けての心証形成過程なのである。その意味では、事実認定は、静態的にではなくむしろ動態的にとらえるほうが適切であろう。

民事事実認定と刑事事実認定

事実認定については、民事でも刑事でも多数の研究がある。しかし、僕の目からみると、民事のそれは一般論、技術論に終始する感が強く、刑事に関するそれ、ことに心理学者の研究（一例を挙げれば、目撃証言の信用性の研究）等に比べると、実際の事実認定に当たって参考になる部分はそれほど大きくないように感じられる。そして、それは、民事事実認定の評価的、政策的性格によることではないかと考える。

前章の2でもふれたとおり、刑事事実認定は、認定の対象となる事実の「事実的要素」が、民事の場合より純度においてはるかに高く、反面、「評価的要素」の混在の度合いは低い。ピンポイントにしぼった綿密な認定が要求される度合いは民事より高いけれども、その認定の対象は、比較的「裸の事実」の要素が強い人間の行動だし、その認定の作用は、民事の場合よりは論理的証明に近く、したがって、一般的な認識論、ことに心理学的な認識論の有用性は、民事の場合よりも高いと思われる。また、法廷において人証の占める証拠方法としての重みも、刑事では、民事に比べて相当に大きい。

これに対し、現在の民事事実認定については、前章の1、2で論じたとおり、書証の重要性がかつてより高くなり、人証は、多くの事件では、これを検証あるいは補足するための証拠調べという性格がかなり強くなってきている。

もっとも、事実関係が複雑な事案、決定的な書証に乏しい事案等の心証のとりにくい事案では、人証を聴くまで判断がつかないという事案、あるいは人証を聴いて心証が大きく変わる事案もかなりの割合で存在するのであって、人証の重要性自体は、否定されるものではない。このことも、前章の2に記したとおりである。

事実認定論に戻ると、民事における証人の証言や当事者本人の供述は、評価的要素、その意味での主観的要素がより大きいものであるため、認識論的、心理学的テストにも、刑事の場合よりなじみにくいといえる。

以上をまとめると、民事事実認定には、刑事事実認定に比較して、①要求される証明度が刑事ほど高くはない、②立証の対象となる事実の評価的要素が大きく、また、それらの事実によって構成される事実関係が相当に長期間のものや広範にわたるものとなる場合が多い、③したがって、大筋、概要を的確に押さえることが何よりも重要であり、反面、枝葉の事実はある程度捨象せざるをえず、そうした意味での政策的性格が強い、といった特色があると思われる。

アメリカにおいては、刑事では陪審制がなお相当程度用いられているが、民事陪審についてはその判断に疑問が呈されることがより多くなってきていることの背景には、こうした、民事事実認定と刑事事実認定の性質の相違があると思われる。刑事事実認定には一般の人々の常識が生きるが、民事事実認定になると、法的知識、センスに乏しい一般の人々には手に余る部分が、どうしても出てきやすい（なお、現在のアメリカでは、社会の民度が下がるにつれ、刑事陪審の判断にも、かつてより問題が多くなってきている）。

ストーリーのぶつかり合いとしての民事訴訟

すでに何度も論じてきたことをもう一度正確に繰り返すと、民事訴訟は、法社会学的にみれば、原告と被告がそれぞれのストーリー（法的な評価、枠組みにおける事実の集合体が一つの「ストーリー」となる）を掲げての争いであり、その食い違う部分、ことに重要な部分が、主要な争点となる。

そのストーリーがどれほど確からしい必要があるかという点については、やはり、原告と被告では一定の差がある。原告は基本的にそのストーリー（その要点は、多くの場合、請求原因およびこれに関連する事実）について裁判官に一定の確信（なお、僕の考え方では、第3章に記したとおり、「相当程度の蓋然性」をもってその事実が存在するとの認識）を抱かせなければならない（第3章でふれた証明責任の問題）が、被告のストーリー（その要点は、多くの場合、請求原因に対する積極否認、ないしは抗弁の内容）は基本的に原告のそれをぐらつかせる程度の信憑性《しんぴょうせい》があれば足りるわけであり、被告勝訴の場合でも、裁判官が被告のストーリーに沿った心証を得ており、それが判決に記されるとは限らない。

もっとも、実際には、「原告主張の事実は認めることができない。かえって、○○の証拠によれば被告主張の事実が認められる」としてこれが判決に記されることはかなり多い（僕は、僕の専門書の中で、これを「かえって認定」と呼んでいる）。一方、裁判官が、いずれの主張するストーリーとも異なった事実認定を行うことは、ありうるものの、非常にまれである。

ここで興味深いのは、通常の認定にせよ「かえって認定」にせよ、裁判官が判決の中で一度紛争の核心にかかわる事実の詳細な認定をしてしまうと、その認定が、たとえば判断過程の中で後に出てくる主張の判断に当たっても、再度援用される例がかなり多いことだ（「すでに第○において認定判断した事実関係に照らすと、この主張もまたおよそ採ることができない」などといった説示方法になることが多い。『ケース演習』の第1事件参照）。これは、いずれの当事者が勝つ場合でも同じことである。

悪いたとえになるかもしれないが、「悪魔の顔、声、名前はさまざまだが、その実体はただ一つである」というカソリックの聖職者の言葉と似ている。たとえ主張は論理的、段階的に分断されても、中心的な事実認定は一度行われたらおおむねおしまい、あとはその援用で終わる部分が大半、そうした判断過程になっている判決はかなり多い。

もっとも、これは、「証明責任」を認識しないまま一箇所に何もかもぶち込んだ判決がよいといっているわけではない（そのような判決はよくない）。判決の内容が裁判官の頭の中でよく整序されていれば、論理の流れに従って順次判断していっても、判断に必要な事実についてはすでに認定したもの（「かえって認定」を含む）を援用することができる例が多い、といっているにすぎない。「証明責任の分配」は、審理、すなわち争点整理、事実認定、判断に当たっての重要な指針、いわば「審理の背骨」となるといわれるが、これをリアリズムでみるならば、以上に記してきたようなことになるのではないか。それが、元裁判官である民事訴訟法・法社会学者としての、僕の実感である。

双方対席審理の重要性

僕自身が事実認定で悩んだいくつかの事案については、『ニッポン』第1章（三四頁以下）に記している。しかし、事実認定それ自体について深く論じた僕の一般書は本書が最初のものであり、また、その重要性については具体的な例をみないと実感をもってとらえにくい部分があるので、ここで、右の事案の一つを再度取り上げておきたい。

事例6

事案は、いわゆるＤＶ防止法（配偶者からの暴力の防止及び被害者の保護等に関する法律）

による保護命令申立て事件であり、「僕が事実認定の根幹を誤った可能性が高いと明確に自覚しているほぼ唯一の事例」である。

また、「二度目の申立てによって最初の申立てについての自己の事実認定の重要な部分が誤りであった可能性が高いことを自覚した」という意味でも、珍しいケースとなる。

申立人、被申立人は双方とも公務員である。妻が保護命令の申立てを行い、夫の暴力等を主張していた。最初の申立てでは、妻には弁護士がついていたが、夫にはついていなかった。

そして、最初の申立てでは、僕は、まず妻側の言い分を聴いた後、別の期日に夫の言い分を聴いた。その際の印象では、「妻は不貞をしており、その不貞を隠すためにDVの申立てをしている」という夫の言い分はあまり信用できないように思われた。そこで、僕は、保護命令を出した。

ところが、その後さらに申し立てられたいわゆる「再度の保護命令の申立て」（同法一八条）の審理で、当事者双方の言い分を、今度は、双方対席の上で、また、夫の側にも弁護士がついた状況で聴いたところ、夫の暴力についてはとりあえずおくとしても、夫のいう「妻の不貞の事実」については、まず間違いがないようだという心証になった。そうなると、みずからの不貞を正面から否定している妻の言い分は、その全部が怪しくなってくる。僕は、妻の再度の申立てについては却下した。

この事案については、DV防止法の審理ではそれがむしろ普通のことなのだが、最初の申立ての時点で当事者の一方ずつから別々に言い分を聴いたことが、判断を誤った根本原因だった。

後に和解に関する第11章でも論じるが、「裁判官が当事者の言い分や意見を聴く場合には、原則として、双方対席の下で、つまり当事者の双方とも相手の言い分等に反論ができるかたちで、それを行うこと」が望ましい。一方ずつから別々に言い分を聴くだけだと、この事案のように、弁護士がついているために先に聴く言い分がきれいに整えられていたりすると、どうしてもそれに引きずられやすくなるからだ。

この事案は決定手続なので、当事者の言い分（主張）を直接聴いて決めるというかたちになる（保全命令手続等と同様に、原則として、「口頭弁論」ではなく、より簡易な「審尋」を行う）が、民事訴訟手続であれば先のような争点（暴力や不貞の有無）については当事者本人尋問をした上で事実認定を行い、判断することになる（つまり、判決手続であれば人証調べで尋問するような事柄について、決定手続では、当事者の言い分を聴くというより簡易なかたちで行っている)ことを考えても、弁護士や当事者本人が事実上の反対尋問的な質問を行いうる双方対席のかたちでそれを行うことが、より望ましかったといえよう。

　実質的な事実認定を行うに当たっての「双方対席審理の重要性」を再認識し、反省させられた事案であった。

　ＤＶ防止法の審理では、ＤＶを受けた側についての精神的圧迫等の観点から双方対席審理が困難、不適切な場合もある（同法一四条一項参照）。そして、実務では、前記のように当事者から別々に言い分を聴くのがむしろ普通のようである。

　しかし、先のような事実認定上の問題を考えると、やはり、その場で暴力や暴言が行われる危険性についてはその防止のための警備を行うなどして配慮しつつも、可能な限り双方対席のかたちで言い分を聴くほうが、判断の誤りはより避けやすいだろう。元裁判官として、ＤＶ被害の性格は理解しつつも、半面、そのように感じるのは事実だ。

　こうした観点からみると、ＤＶ防止法事案では、ＤＶを行ったと主張されている側の当事者（多くは夫）としては、「事実関係を強く争う場合には、最初から弁護士を選任した上で、『平穏な審理を約束するから双方対席の審尋を行っていただきたい』旨を代理人に上申してもらう」ことも考えられるだろう。

第10章　「判例」はいかに作られてゆくのか？

――法的な立論と判断

判例というのは、いわば、裁判官によって作られる判決の先例であり、法社会学的にみれば、日本のような制定法国でも、一つの参照されうる「法」として機能するものだ（なお、判例法国では、判例が基本的な法源となる〔もっとも、判例法国でも、新しい法分野では、制定法が多い〕）。

では、判例はどのように作られるのだろうか？

この章では、この問いに答えながら、同時に、実務家が日常的に行っている法的調査、法律文献と判例の読み方および位置づけ、法的立論のあり方等について論じてゆく。

やや専門的な内容をも含む（その意味で、本書の中では最も内容の難しい章になる）が、若手法律家や企業の法務関係者にとっては、また、弁護士の準備書面を読んで理解しようとする当事者本人にとっても、重要な事柄なので、一定の厚みは保つ記述とした。また、本書のほかの部分同様、学生を含む一般読者にとっても、参考になる知的技術・方法という側面はあると思う。

深夜の違法駐車車両へのバイク衝突——新たな判例はどのようにして作られるのか？

まず、新たな判例はどのようにして作られるのかを、また、そのためにはその事案の事実と法律問題を新しい目で見直すのが必要であることを理解していただくために、僕が経験した一つの例を挙げてみよう。

事例7

事案は、深夜、周辺が非常に暗くなっている片側一車線の駐車禁止規制のある道路上に車両後部が汚れて発見のしにくい大型トラックが車道部分に大きくはみ出して駐車されていたところ、バイクがこれに衝突して、バイクの運転者が死亡した交通事故である（原告らはその遺族）。

それまでの判例の傾向は、駐車車両衝突事案においては基本的に衝突した車両の運転者の過失が大きいものとみて、六、七割以上の大幅な過失相殺を行うものであった（この事案でも、遺族は、警察の、「息子さんの過失のほうが大きいから、息子さんが加害者というべきです」との言葉に憤ったことを、民事訴訟の提起を決意した理由の一つとして挙げていた）。

さて、どう判断すべきだろうか？

僕は、進行している車両の運転者からみれば路上の違法駐車車両は一種の「障害物」と評価できるところ、そのような観点からみるなら、昼間に普通の自動車が路側帯からさほど大きくはみ出さずに駐車しているような場合と、深夜に車両後部が汚れて発見のしにくい大型トラックが車道部分に大きくはみ出して駐車しているような場合とでは、「障害物としての危険性」が大きく異なると考えた。

そして、「こうした事案では、運転中の車両どうしの事故の場合のように一般論としての原則的な双方の過失割合（これについては、交通部の裁判官たちが作成したマニュアル的な書物が出ている）といったものは想定しにくいのであり、障害物の放置責任という責任の実質を見据え、通常の事故の場合以上に前提事実を細かく確定、分析した上で、適正な過失相殺の割合を考えるべきである」との一般的な法理を立てた。

また、「このような事案一般についての過失相殺の割合に関する具体的な判断要素」をも掲げ、その上で、「本件事案においては、被告のトラックが後方からきわめて発見しにくい状況で駐車されていたこと、被告が以前にも本件現場付近で人身事故には至らなかったものの同様の事故を発生させた経験があったことなどを考慮し、過失相殺の割合を三五パーセントと低くとどめる」との判断をした。

この判決（千葉地裁二〇〇一年〔平成一三年〕一月二六日）は、単独事件判決であったにもかかわらず、言渡しの後しばらく経ってから三大紙に大きく報道された（このように時間が経ってからの報道は珍しいことである）。その一つは、半頁のコラムで取り上げ、学者やヴェテラン裁判官のコメントをもまじえながら詳細な分析を行っていた（朝日新聞二〇〇一年三月二七日朝刊「検証」欄）。

「紛争の核心となる事実関係および法律問題を客観的な視点とできる限り広い視野から詳細に分析考慮した上で、なるべく正確な判断基準、メルクマールを立て、その事件の具体的な事実関係をそれに当てはめる」という、アメリカ法的な考え方にインスパイアされた方法を採り、「駐車車両に衝突した場合には衝突したほうの過失が大きい」というそれまでの一般論、思い込みを修正し、より適切な判断基準を立ててみようと試みた判決だった。

そして、そのことが、すなわち、従来の判例の流れの「硬い」部分にメスを入れて合理的な修正原理を導入した点が、一般にも評価されたものと考える。

非常に法律的で地味な論点にかかる判決がこのようなかたちで報道されたことは僕にもほかに経験がなく、ある意味では、メディアの感覚の鋭敏さを認識した事件でもあった。なお、右の判断は、高裁でもそのまま維持された（この判決とこれにかかわる論点の詳細については、『ケース演習』の第23事件参照）。

裁判官の日常的な法的調査

裁判官の仕事というと法律書を調べている姿を思い浮かべる人が多いのかもしれない。

しかし、実をいえば、法律審（日本では上告審のみが法律問題だけを扱う法律審）の場合を除けば、裁判官がより多くの時間をさくのは、準備書面検討、法廷等における訴訟指揮・争点整理・心証形成（法的に構成されているとはいえ基本的には事実認定がその中核）、あるいは和解、判決書の作成である。

大多数の事件についての法的調査は、当事者の法的主張（攻撃防御方法の法的側面）が適切なものであるか否か、採用できるか否かを検証するというかたちで行われる。

これについては、僕も、若いころには随分時間をかけて広範な調査を行ったものだが、ヴェテランになってからは、基本的には、裁判官室にある書物ですませていた。単独事件の法的論点については、それまでの蓄積によって大筋の見通しがついたからだ。また、当事者に、判例学説の書証としての提出を含め、自己の法的主張についての根拠を可能な範囲で明らかにしてもらっていたとか、難しい法的な争点を含んだ事件は合議に付し、論点と検討の方向を示して左陪席（地裁では、右陪席と異なり、左陪席はまだキャリア五年未満で単独事件を担当できない人が多く、合議事件の主任裁判官が主な仕事となる）に調査してもらっていたなどの事情もある。

もっとも、高裁では法的調査に時間をかけることが地裁よりは多くなるし、最高裁判所調査官の場合には法的調査が中心的な職務になるのは当然である。地裁合議事件についての左陪席の調査は、おおよそ高裁におけるそれに準じたかたちで行われている。

以上をまとめれば、地裁単独事件担当裁判官の日常業務の中で純粋な法的調査の占める時間は、一般的にはそれほど大きくないということである。また、通常部事件よりもいわゆる特殊部事件（行政、商事、知的財産等。あるいは、保全、執行、破産等）のほうが、法的調査事務の占める割合は大きいであろう。

それでも、裁判官は、判決における法的争点との関係では詰めた法的検討をしなければならない場合が多く、また、裁判官の仕事の中で大きな割合を占める争点整理でも常に法律問題を念頭に置いているので、裁判官としての通常の能力を備えた人なら、法的調査や分析には相対的に慣れているといえる。

たとえば、先の**事例7**の場合、当事者の主張には、「違法駐車車両に対する追突事故についての責任は障害物の放置責任ととらえる（通常の交通事故とは責任の性質が異なる）」という、先の判決の中核となる考え方は、実は、含まれていなかった。それは、法の解釈・適用の問題として、裁判官である僕が自分で考え出したものだ。「判例を作る」というのは、こうした意味での創造作業であり、「法的調査」はその基盤となる。

弁護士については、能力の水準に大きな幅があるのはどの側面でも同じだが、法的調査・立論については、それがことに大きいように感じられた。法的主張になるとほとんどを裁判官の整理に頼って手取り足取り助けてもらうというレヴェルから、複雑な、あるいは先端的な法律論を緻密に展開することができるレヴェルまで、さまざまということである。

しかし、ごく一般的にいうと、準備書面には、法律論の部分になると弱いという印象のものが、かなりあるように感じられたのも事実だ。

どのように文献を探索し、読んでゆくべきか？

僕が先の判例を書いたのはすでにヴェテランになって法学の研究も相当に進めていたころだったから、その基盤になる理屈も自分一人で考えられたのだが、判事補時代だったら、まず、過去の学説（論文等）や判例を精査してみて、そこに何か発想のヒントがないかを調べてみたことだろう。

法律文献の探索自体については、法律家向けの多くの書物に書かれている。また、近年は、インターネット（有料サイト）による探索が非常に容易になった。

しかし、難しいのは、一般的な探索の方法それ自体よりも、どのような文献を探索、選択するか、そして、探索したものの評価、位置づけなのである。

まず最初に行うべき重要な事柄は、「その論点の法律問題それ自体を正確に確定する」

ことだ。これについては後の項目で述べる。

次に、適切な文献の選択だが、コンメンタール（逐条解説書）や定評ある体系書・教科書、あるいは、訴訟類型・論点ごとに判例学説をまとめたシリーズは、その論点についての議論の大筋を把握し、主要な文献や判例を探索するために有益である。

特に新しい論点でなければ、こうした文献とそこで探索した主要文献、判例等によって大筋の議論は組み立てられる。

比較的新しい論点についても、判例雑誌のコメントからていねいに探索してゆくと、大体のものは出てくる。

より精度の高い議論をしようとする場合、法律論の準備書面や判決を書く場合、あるいは判例批評・研究や論文を書く場合などには、前記のような文献のうちから主要なものをいくつか拾い上げて精査してゆくことが必要になる。

そして、その場合には、いわゆるハウツー的、あるいはマニュアル的なシリーズをはじめおおまかな知識を与えるたぐいの文献ではあまり役に立たない（また、このような書物の記載をそのまま信用するのは危険である）。定評のある体系書・教科書、コンメンタール、そしてレヴェルの高い個別論文を選ぶ必要がある。

よく選んでゆけば、特定の法律問題について正面から論じた右のような文献類は多くなく、せいぜい二、三から五、六程度にしぼられるはずである。優秀な左陪席は、こうした文献を適切に選択することに長《た》けている。法的センスと読みの鋭さによるところが大きいが、訓練で伸ばすことができる能力でもある。

また、このことを逆にいえば、どんな論文でも、たとえそこに非常に多くの文献が引用されている場合であっても、執筆時に著者が重きを置いて自己の論述の参考にしあるいは批判の対象にしている主要文献は、大体以上のような数にしぼられることが多い。

定評のある法律家の論文や判例批評について、漫然と読み流すのではなく、著者がそれぞれの主要文献をどのように選択し、取り扱っているかを想像し、念頭に置きながら読むと、それぞれの法律問題について真に重要な文献類を探索する目を養うことができると思う（なお、僕の二冊の教科書、『民事訴訟法』、『民事保全法』〔日本評論社〕では、読者層に応じ、それがより一般的な前者〔学生、法律実務家一般中心〕では、引用する文献の範囲をあまり広げず、重要なものにしぼっている。これは、文献の的確な探索、参照をより容易にするためである）。

なお、法律文献については、基本的には、準備書面等でも、自己に有利なものだけを選ぶのではなく、そうではないものについても重要なものは選んで、後者については適切な批判をしておくことが望ましい。そこまですれば説得力が増す。

逆にいえば、自己に有利なものだけを選んで立論をしてもそれほど説得力はないということだ。法律文献というものは、さまざまな考え方がある場合には、自説と反対説の緊張関係の中で、双方を視野に置きながら論述を進めているのが普通だからである（もっとも、相手方の法的調査能力が低い場合には、相手方に有利な文献にはあえてふれない〔情報を隠しておく〕という戦術を採る弁護士もいるだろう）。

判例における「事実と法理の結び付き」

実際には、先の**事例7**の事案でも、僕は、過去の同種事案の判例にはざっと当たってみた。そして、その事実認定と法律論を検討して、みずからの事件に適切な考え方を示している判例がないかを確かめた。

しかし、この事案では、僕は、「個々の事案の具体的な認定事実にかかわらず追突車両の過失のほうが大きいという前提を絶対として判断してしまっている感のある過去の判例には問題がある」との結論に至った。そして、そうであるとすれば、自分の判決は、新しい方向を示した判断、判例になりうる判断（これは、地裁や高裁の判例の場合、「各種の判例雑誌〔あるいは法律雑誌〕に掲載されうる判断」ということとおおむね同じだ）ということになるのだから、「法的な根拠（新しい法理）」と「判断のメルクマール」を明らかにしなければならないということを、あらためて確認した。

さて、このように、「法的立論の参考にするために判例を精密に読んでゆく」（この事案の場合には、その結果、参考になる判例はなく、新しい法理を立てることが必要だとわかったわけだが）ときには、まず、認定されている事実に注意することが必要だ。事実関係が異なれば法的判断も異なってくる。ことに、一般条項をはじめとする価値関係的な要素の強い条文に関する判例は、事実関係が異なるものを援用しても無意味である（ところが、準備書面では、これを行っているものが非常に多い）。

日本の法律家は、大学では主として観念論的な法学の理屈を学んできたため、「事実をきめ細かく分析しながら利益衡量《こうりょう》を図って、ある法理が認められるための要件、メルクマールを確定してゆく」作業にはあまり慣れていない。そのため、右のような「判例中の事実の分析」にもあまり慣れていないことを意識しておくとよいと思う。

比較のためにアメリカの例を挙げると、連邦制を採っているために連邦裁判所の管轄する分野を除き州ごとに相違のあるアメリカの判例法を、各分野ごとに、学者と実務家が協力してまとめ直した「リステイトメント（直訳すれば「再陳述」。アメリカ法律協会編集）」は、アメリカ法学の精髄の一つだ。これは、「事実のカテゴリーに応じた場合分け」が実によくできている。

僕の論文のうち「私道の通行権」に関するもの（論文集『民事裁判実務と理論の架橋』〔判例

タイムズ社〕収録）は、この点に関する最高裁判例を作ってもらいたいという意図の下に書き、実際にもその年にその点について出された判例（最判一九九七年〔平成九年〕一二月一八日）において参考にされている（最高裁判所調査官の判例雑誌における解説にも、僕の論文が直接的に引用されている。また、論文と判決の内容を対比しても、この点は明らかだろうと思う）。

僕は、この論文を書いたときに、関連する日本の下級審（地裁、高裁）判例を網羅的に読んでみたのだが、日本の判例は、観念的な法律論中心なので、個々の事案の「事実」と「判旨」の結び付きが弱く、「私道の通行権」といった、「事実関係のカテゴリーに応じたデリケートな場合分け」が必要な論点については、適切なメルクマールを抽出することがきわめて困難だった。

どれを読んでも、一般論しか書いてなく、その事案の特質や、その特質をどのように考慮して結論を出したのかという部分が、あいまいなのだ（具体的にいうと、「こうした場合には私道の通行権を認める」とは書いてあるのだが、その、「こうした場合」の中身については、誰でも考えられるような同義反復的《トートロジー》な一般論しか書いてなく、また、その一般論としての基準と当該事案の事実認定との結び付きも、明らかではない）。

そこで、「それじゃ参考までにリステイトメントでも調べてみるか」ということで、法学の組み立て方が全く異なるために分野は異なるものの論文のテーマには関係する部分のリステイトメントを調べると、これが、総論についても各論についても、カテゴリー作り、場合分けが的確かつ適切で、かゆいところに手が届いており、メルクマールとしてそのまま参考にできる内容だった。

したがって、「私道の通行権」に関する先の判例については、僕の論文を介して、アメリカ法（経験論的法学）のエッセンスが日本に継受されたといってもよいと思う。こうしたかたちでの外国法の日本法への影響は、ほかにも時々ある。つまり、学者（当時の僕は肩書き上は裁判官だったが）が書いた海外の法の紹介・分析論文の内容が判例に採り入れられるということだ。

先のような「判例法」的な（法律の条文にはない）新たな法理の定着のためには、「事実のデリケートな区別、分析」と「それを体系化してのメルクマールの抽出」が不可避なのである。しかし、概念で切ってゆく傾向の強い日本の法学教育、法律論には、事実の客観的で正確な分析という側面において弱さがあるように感じられる。

最後に、原則的な判例の読み方に戻り、これをまとめておくと、その事実関係を正確に確定した上で、これに対する法的判断を正確に読み取ることが必要だ。その場合、その判例の法的判断が特異であったり脆弱であったりすれば、判例としての価値は小さい。法的判断の対象となる法律問題に正面から取り組み、それにかかわるさまざまな問題を広く視野に入れた上で緻密な判断を行っている判例ほど価値が高い。

法的立論の方法

法的立論・判断は、準備書面でも判決でも書くことが最も難しい部分である。

これについてまず重要なのは、「その論点の法律問題それ自体を正確に確定すること」だ。考えがまとまったら、判例雑誌の判旨事項（あるいは学生用の「法律問題」）と同じようなかたちで、それを記述してみるとよい。

これは、第8章の3でふれた鑑定書における鑑定事項の確定と同じ性質の作業であり、純粋な論理構成能力の問題である。判決における法的争点の記述についても、右の判旨事項的な記述をわかりやすくパラフレーズ（いいかえ）した言葉で記載すればよい。

当然のことながら、「問題」が決まらなければ、それに「答える」ことはできない。「散漫な法律論は、問いを正確に確定しないまま答えを出そうとすることから生じる場合が多い」ことを記憶しておくとよい。なお、これは、論理的な、あるいは社会的な問題一般についてもいえることであり、また、自然科学の場合であっても同様だ。

次には、論理の筋を精密にたどりながら考えてみることである。論文や判決の場合はもちろん、準備書面の場合であっても、「まず結論ありき」の記述ではおよそ説得力がない。

みずからの論理の筋を正確なものにするためには、前記のような文献探索作業を通じて選択し、綿密に読んだ文献、判例に基づいて、法律問題（問い）に沿いつつそれに答えるかたちでレジュメを書いてみるとよい。レジュメは、多くの場合、いくつかのセクションに分かれ、それぞれの冒頭に論理の流れに沿った論点ないしは論題（先の大きな「問い」との関係では、それを解く過程における「小テーマ」となる）を掲げるかたちとなるだろう。長過ぎない分量（数枚程度まで）で正確に書くことが肝要である。

各セクションの記述に当たっては、①論点、結論、その根拠づけを常に明確にすること、また、②参考文献の記述にそのまま とらわれることなく自分の言葉で記述し直してみること、に留意するとよい。これも、各種のレジュメ一般についていえることだ。

このレジュメが完成したら、左陪席の場合ならそれに基づいて合議をしてもらうことになる。

弁護士の場合にも、信頼できる同僚や先輩を選んで同様の議論をしてもらうとよいと思う。ことに、同等のレヴェルやキャリアの人間ばかりでなく、一段上から全体を見渡す視野と能力をもった人間が参加しての議論は、有益である（裁判官の場合、裁判長は、当然この能力を備えているものと期待されている。少なくとも、左陪席の議論の意味を汲み取ることのできる理解力と寛容さは要求される。もっとも、残念ながら、現実には、こうした条件を満たさない裁判長も、一定の割合で存在する)。

また、議論をする場合には、「議論の定点」を定めながらこれを進めることが必要である。同輩どうしの議論があっちへいったりこっちへいったりの堂々めぐりとなりやすいのは、この「定点」が定まっていないことが多いからである(学生はもちろん、修習生、若手判事補、書記官の議論にもよくある。いつまで経っても同じ論点のいくつかを蒸し返している循環論法、平行線の議論となりやすい)。これもまた、「議論一般」についていえることだ。

この定点を定めながら適切に議論を導いてゆくのが年長者の役割ということになるが、これは、論点が高度であればあるほど難しい。具体的には、たとえば、①その法律や法分野の基本的な思想、原則は何か、②関係条文の、客観的かつ精密な解釈はどのようなものと考えられるか、③議論の前提となっている利益状況のかなめとなる要素は何か、といった事項を押さえることが、定点を定めることに該当する場合が多い。

議論が一通り終わったら、それに基づいて前記のレジュメの内容を再整理してみることだ。僕が裁判長の場合の合議事件における合議では、議論のあとで、レジュメの各セクションごとに結論と理由づけを僕が口頭でまとめ直してゆき、左陪席が、それをメモにとり、それに基づいて判決を起案することが多かった。このような方式をとると、左陪席の起案でも、ことにその人が法律論に長けている場合には、かなり整ったものが書かれてくるので、それに手を入れることも容易になるのである。

もっとも、以上のような議論の文章へのまとめ方については、準備書面と判決ではかなり異なる。

準備書面の場合には、裁判官説得のための書面なのだから、前記のレジュメの大要を、説明的に、そしてある程度は論争的に、かつわかりやすく書きおろしてゆくことが適切であろう。

判決の場合には、法的争点、これについての結論と理由というかたちで、あまり冗長にならないように、かつ正確にまとめることになる。長い議論を凝縮する場合、全体の論理の筋を見失わないように注意することが必要である。

なお、以上に記したようなことは、判例批評・研究や論文を執筆する場合のプロセスはもちろん、論理的な事柄を中心的な主題とする学生やビジネスパースンの議論についても、大筋では当てはまるのではないかと考える。

第11章　和解のあり方とその技術

日本の民事訴訟における和解の方法（裁判官が当事者の一方ずつと交互に面接して意見聴取や説得を行う「裁判官交互面接方式」）については、学者転身後に、専門書・一般書の双方で、その、手続保障的な側面からの問題（不透明性）、比較法的にみた場合の特異さなどについて、問題を提起し、批判を行った。

そこで、本章では、その点についても簡潔にふれた上で、現在の実務（裁判官交互面接方式）を前提としながら、和解に関する留意事項をまとめてゆきたい。現在の実務がすぐに変えられてゆくとは考えにくい以上、本書のような書物では、とりあえずは、それを前提とした記述を行っておくのが相当と思われるからだ。

なお、僕の和解は、基本的には、争点整理や証拠調べと連動して獲得されてきた「心証」の開示をガイドラインとした「心証中心型、心証開示型」のそれ（その時点における裁判官の心証を適宜開示しつつ和解を進めてゆく）だったから、合理性、機能性、一定程度の謙抑性を旨とし、当事者に対する説得は、ある一定の限度までにとどめていた。

和解の押しつけ、事実上の強要という問題

訴訟上の和解（法八九条）については、これを規整する条文はわずかだ。しかし、第1章の最後の部分でもふれたとおり、今日では、おそらく、争訟性の高い事件、本格的に争われる事件のうち六割ないし三分の二程度がこれによって解決をみており、仮の地位を定める仮処分命令手続における和解率の高さをも考慮すれば、裁判所を経由しての紛争解決方式として和解が判決と並ぶ重要性をもつに至っていることは明らかだ。

また、和解は、民事訴訟手続論、法社会学における重要な論点の一つでもあり、「当事者の合意をその本質としながら裁判官の積極的関与をも伴う訴訟の終局方法」として、独自のユニークな性格をもつといえる。

しかし、日本の裁判所における和解にはその手続面に大きな問題があり、国際標準を外れていること、すなわち、裁判官交互面接方式についての手続保障的な側面の問題（当事者は、双方とも、裁判官と相手方のやりとりの内容がわからない）、そして、そのことに基づく裁判官、場合によっては代理人をも含めての和解の押しつけの可能性については、『ニッポン』第6章、『絶望』一三三頁以下、ことに前者に詳しく記した。

もっとも、実をいえば、手続保障的観点からする裁判官交互面接方式和解の問題点については、研究者を兼ねる裁判官であった僕自身、大学に移って手続保障の意味、重要性について裁判官時代以上に掘り下げて考えるようになるまで、十分には意識していなかった。「自分自身はおおむね透明性を保った和解を行ってきた。だから、要は裁判官の心構え次第である」という程度の認識だったのである。

しかし、学者に転身した後、当事者本人の和解に対する不信、不満が近年急速に高まってきており、これが最近の民事訴訟事件新受件数減少後横ばい傾向（弁護士の大幅増加、裁判官の増加にもかかわらずのこの傾向であり、きわめて問題が大きい）、また、民事訴訟利用者の満足度がきわめて低いという傾向（『ニッポン』七頁）の一つの原因となっている可能性は否定しにくいとの認識を抱いたことから、前記のような書物でこれについて詳しく論じたものである。

ことに、裁判官が事件処理件数をかせぐことを主な目的とする、あるいは裁判官の自己満足的な確信に基づく、和解の押しつけ、事実上の強要の弊害は、非常に大きい。

また、これは弁護士にも結構多いように感じられるのだが、実務家、専門家にとっての都合から発想してゆく考え方、あるいは、当事者のためになる和解なのだからある程度不透明でもやむをえないといったパターナリスティックな（家父長的な）発想が、先のような訴訟利用者の不信や不満を招いていないかについても、よく考えてみるべきだろう。

つまり、依頼者が、「弁護士の前では不満を述べないとしても、釈然としない思いを抱いている」という事態は、十分にありうるのだ（そして、そのような不満や不信感は、かつてと異なり、今では、インターネット上に簡単にあふれ出し、司法や法律家の信用をそこなうことになる）。

アメリカにおける和解に関する「経験論的リアリズム」に基づく弁護士倫理の原則が次

のようなものであることは、一つの参考になると思われる（モリソン・フォースター外国法事務弁護士事務所『アメリカの民事訴訟〔第2版〕』〔有斐閣〕。なお、原文そのままではない）。

「和解の決定は、最終的には、常に、弁護士ではなく当事者が行う。弁護士は、合理的な和解案であっても当事者が受け入れない場合にはそれを拒否し、不合理な和解案であっても当事者が受け入れる場合にはその決定に従う義務がある」

日本においても、当事者の権利意識の高まり、フェアネス志向の高まりに伴い、実務家としては、「当事者双方対席方式和解」（当事者の双方が同席し、裁判官の助言や示唆をも得ながら和解を進めてゆく。欧米ではこれが普通）を試行し、和解の主役は当事者本人であることを確認しつつこれに当たるべき時期が、きているのではないだろうか？

和解のメリットとデメリット

和解には、①紛争の早期解決、②任意の履行が確実に行われること（そのことが和解の前提である）、③事案の背景にある紛争まで含めての、また、柔軟な内容の解決（関連する紛争全体の一回的かつ柔軟な解決）が可能になること、④結果の予測の困難さという判決の場合のリスクを避けうること、などのメリットがある。

④について補足すると、争訟性の高い事件、本格的に争われる事件では、いずれの側に

も、その行為に落度があったり立証が困難であったりするなど、何らかの問題があることが多く、これが、判決の場合のリスク、つまり、結果の予測の困難さ、ことに上級審をも含めた最終的な結果の予測の困難さとなって現れやすい、ということだ。

しかし、半面、和解には、先にふれたような点をも含め、当事者が、その手続的な不明瞭さに納得のゆかない思いをし、また、結果の公正さ、適切さにも疑問や不満を抱く場合がありうることも、指摘されてきている。

紛争の全面的かつ柔軟な解決をもたらすことができ、基本的に確定判決と同一の効力を有する（法二六七条）という意味で、また、法律家が関与しながら実体法規範にとらわれない紛争解決を可能にするという意味で、訴訟上の和解は、確かに、魅力的な紛争解決方法である。しかし、そのような和解の長所は、当事者に不満を残す解決方法になりうるというその短所と表裏の関係にもあるわけだ。

心証中心型和解

和解運営の理念的モデルとしては、①当事者の交渉中心型（当事者間の話合いを中心とし、裁判官はこれを整序するにとどめる）と、②裁判官の心証中心型（裁判官がその時点における心証に基づき和解をリードする）とが考えられる。

和解が法的には当事者間の契約、約束であることを考えるならば、①のタイプにも十分な合理性があり、当事者双方対席方式ではことにそういえよう。

しかし、日本で行われているような裁判官交互面接方式による場合には、基本的に裁判官が和解をリードしてゆくほかなく、そのガイドラインは、当然、その時点における裁判官の心証ということになると考える（暫定的な心証すらもっていない裁判官の和解は、相手方の言い分を取り次ぐだけの「子どもの使いじゃあるまいし和解」となって、漂流しやすい）。

僕自身は、この「心証中心型和解」を厳密に行っていた。それは、和解についても手続的な公正さが必要と考えられることを根拠としていた。

いいかえれば、当事者の主張立証の適正な評価とその結果としての心証開示に基づく和解であれば、それが成立する場合には、和解の結論自体は必ずしも自分に有利なものとはいえなかったと感じている当事者についても、それなりの納得が得られる場合が比較的多いのではないかと考えられる、ということだ。

もっとも、厳密な心証中心型和解は、弁護士のタイプが理知的で事件に対する裁判官の見方や証拠評価を重視する場合にはスムーズに進むのだが、当事者本人にすべてをゆだねてみずからの意見をはっきりさせない、あるいは、事件についての自分なりの見通しをはっきりもっていないような弁護士の場合には、そうでもなくなる。

具体的には、合議事件等の、事実認定上の、あるいは法的な問題点の大きい事案で弁護士がしっかりしている場合には平均よりもかなり和解が成立しやすくなるが、反面、訴額は小さいけれども感情的な対立が大きくかつ弁護士の本人に対するリードが十分ではない（責任を取りたくないこともあって、自分の意見をいわないで本人に任せてしまう）ような事案では、本人の説得が難しくて和解ができにくいことがある。

なお、後者のような事案において和解の成立率が高いのは、残念ながら、いわゆる「口のうまい」裁判官のようである（僕の場合には、代理人が和解についても基本的に任せられている事件で和解ができない例はほとんどなく、一方、和解ができない事件の大半では、弁護士が本人を説得できないことがネックになっていた）。

民事裁判官とカウンセラー

医師の仕事との比喩的なアナロジーでいえば、争点整理や補充尋問には外科手術的な要素が強いが、和解、ことに家族や夫婦間の事件（遺産関係、離婚等）についての和解における裁判官の心構えには、精神分析医的、臨床心理学者的、あるいはカウンセラー的な側面も、一定程度必要であるとはいえよう。つまり、当事者に寄り添い、理解する心構えが必要である。

しかし、寄り添うレヴェルを超えてセールスマンのごとく上手におだてながら説得する裁判官については（実は、より庶民的なタイプの人ほどそのような裁判官のペースに乗せられやすいのだが）、本当をいえば、よく注意したほうがいいと思う。いいかえれば、いつも和解の席に本人を入れて何かと愛想のよい裁判官が、いい裁判官、あるいはすぐれた裁判官とは限らない、ということだ（他人を操作するのがうまい人、英語でいう「マニピュレイター」的な人物である可能性もないではない）。

なお、面接については、僕のように厳密な心証中心型の場合、弁護士との面接を中心とし、当事者本人との面接については補助的なものと考えることが多いと思う。本人に対する説明と説得については、基本的には代理人の仕事と考えるわけである。もっとも、代理人が裁判官による直接の説得を求める場合（和解の「詰め」の段階では時々ある）には、これに応じるべきであろう。

また、僕は、以上とは別に、当事者本人が特に希望する場合には、少なくとも一度だけは、ある程度の時間（一〇分から二〇分程度）、本人の話を、何の留保もつけずにそのまま聴くことにしていた。

また、事案としては和解による解決しかない（判決では厳しい結果となることが明白であり、また、その結果が本人の生活の基盤に決定的、致命的な影響を与える）にもかかわらず本人が気持ちの整理をつけられないような事案では、相手方当事者にも断った上で、通常の和解期日の後で、あるいは時間がとれない場合にはそれとは別に、その本人および代理人とだけの事実上の面接の機会を設けて、長時間話を聴く場合もあった（こうした場合には、半ばは法律論、半ばは前記のような広い意味でのカウンセリング的な内容〔少なくとも精神医学系の知識が生きるような内容〕の話になることが多い）。

こうした手続を設けると、本人が納得することも多いし、たとえ本人がまだいくぶん迷っていても、弁護士が裁判官に共感して、最後の説得を積極的に進めてくれる場合がある。

次に、和解にかける時間と回数については、僕は、若いころはともかく、キャリアの最後のころには、一回三〇分程度まで、回数はせいぜい数回までとし、そこまでやっても当事者の納得が得にくい事件については判決としていた（前記の「負けるほうの当事者のためには和解による解決しかない」ような事案を除く）。

この点については、延々と和解を続け、一回の時間も長い裁判官も多いと思うが、そのような和解を続ける裁判官の動機には、適正な解決だけではなく和解によって事件を早期に処理したいという「思い」ないし「願望」も（一定程度）混じっているのが普通であることには、注意しておくべきであろう。

なお、「裁判官のカウンセラー的な役割」という僕の指摘には学者の異論（裁判官はあくまで法律家の役割に徹すべきである）もあり、これも面白い問題なので、簡潔にふれておこう。

僕は、和解という側面に限定しないでもう少し大きな観点から考えるなら、民事裁判官とカウンセラーの仕事の性格上の共通性については、肯定できる部分があるのではないかと考えている。これは、単なる僕の私見ではなく、ヴェテランの臨床心理学者、カウンセラーからも、以下のような意見を聴いたことがある。

「対象に入り込むとともにそこに入り込んでいる自分を距離を置いて見詰めるというのがカウンセラーの役割であり、それは、クライアントに対する関係でいうと、彼、彼女のもっている問題に対して、ある『構造』をもって対処するということです。そのような側面では、民事裁判官の仕事には、カウンセラーのそれと似た側面があると思います。私たちは心理学をもって、民事裁判官は法学をもって、その『構造』としているのではないでしょうか？」

つまり、僕は、民事裁判、ことにその中の当事者との話合いの部分については、カウンセリングの安易な類推はつつしむべきであるとしても、より深い部分におけるそれとの共通性が、一定程度肯定できるのではないかと考えるのである（前記の「負けるほうの当事者のためには和解による解決しかない」ような事案ではことにそういえる）。

一般的にみて和解が適切でない場合

「和解と判決の選択」は当事者にとっても非常に重要な考えどころになるが、本書では、以下、三つの項目に分けて、元裁判官の民事訴訟法学者である僕の視点から述べておきたい。

まず、一般的にみて和解が適切でないと考えられる場合について述べる。

① 当事者が和解に強い不満を抱いている場合

和解は当事者間の合意に基づくものなのだから、当事者（ことに本人。以下④まで同様）の一方でも和解に強い不満を抱いている場合には、無理に成立させるべきではないだろう。

もっとも、こうした事案でも、前記のように、和解でないとその当事者（本人）にとって非常に過酷な結果になることが目にみえている（たとえば、家、財産、地位といった生活の基盤を失うなど）場合には、じっと我慢してそのぐちや不満を聴く場合もある（情緒的なタイプの当事者には、いつまでもこれを繰り返したり、和解条項の些細な部分にいいがかり的な不満を次々と述べたりする人もいる）が、こうした和解が長引くと本当に精根尽きる。それでも、代理人が裁判官の努力を理解していれば、「まあ代理人はわかっているのだから」ということで、成立に向けての努力はする。

それほどの事案でなければ、本人が「いやだけど和解します」などと言う場合には、淡々と、「和解は当事者間の合意なのですから、いやなものを無理にする必要は全くありません。打ち切って判決にしましょうね」という対応でよいと思う（もっとも、そのような場合、実際には、代理人が「裁判官。ちょっ、ちょっと待ってください」と述べて、次回までに鋭意説得し、本人も先のような言葉は撤回し、和解成立に至る例のほうが多い）。

なお、和解が得意であると自他ともに認める裁判官の中には、かなり強引な（「私の言うことがきけないのなら負かしますよ」的な）説得を行い、そのために弁護士の評価は分かれており、また、和解無効の主張をされるケースも通常より多い、という例がそこそこある。しかし、これは、よいことではない。紛争は解決しさえすればよいというものではなく、透明性のある解決でなければならない。和解に強引さは禁物であり、ことに、後から和解無効の主張をされる可能性があるような和解は、裁判官としては、厳につつしむべきである。

② 当事者がぜひとも判決をと強く求める場合

訴訟は基本的には当事者のためのものなのだから、訴訟を起こした以上ともかく書面による判断がほしいという当事者の希望は、基本的に尊重すべきであろう。もっとも、そうはいっても、実際には、そうした当事者の考えているのが全面勝訴判決である（それ以外の判断を想像することができない）場合が一定程度存在するのも事実なのだが。

たとえば何度もふれた第5章**事例3**の負担付贈与の事案などは、原告本人が判決を望むならそうすべきであって、裁判官が和解に固執するのは相当ではない。

③　当事者にとって金銭だけの問題ではないような事案において、裁判官が事実認定や法的判断にぎりぎりのところで迷う場合

これについては、②の場合ほどではないとしても、当事者が自己の言い分について判断してもらいたいとの気持ちを強く抱いていることが前提である。このような場合には、やはり、事後的な検証と不服申立てが可能な判決というかたちで一度は結論を出しておくほうがよいのではないかと考える。

③については、実例を挙げないと実感がわかないと思われるので、事例を引いておきたい。『絶望』、『ニッポン』でも取り上げたことのある事案だ。

事例8

事案は、中学生の少年が原告の交通事故損害賠償請求である。

この事案では、自転車の少年と自動車の運転手の双方が、自分の対面の信号は青だったと主張していた。もっとも、警官の調書では、少年は、「対面の信号は赤でし

た」と述べているのだが、調書作成には両親が同席しておらず、少年は、その時には運転手が気の毒だと思って虚偽の調書作成に応じてしまったのだ、と言っていた。

こうした事故類型では、通常、証人と当事者本人の尋問を行えば、いずれの言い分が正しいかは大体わかる。しかし、この事案では、いくら聴いても的確な心証がとれなかった。ことに、証人として出廷した警察官（少年の調書を取った警察官）の表情は、まるで能面のようであり、わずかな表情の変化すら読み取ることが難しかった。

そこで、僕は、和解を勧めていたのだが、ある時、僕がいくぶん強く少年の両親に説得を行うと、少年が、横から、「わかりました。もういいです、和解でいいです」と、はっきりと発言したのである。

後から思い返してみると、その時少年の顔に浮かんでいたのは、「裁判なんてこんなものか？」という失意とあきらめだった。

もちろん、証拠上は、過失が疑わしい程度の立証の場合には原告の負けとなるのが民事訴訟の原則であり（「被告の過失については原告に証明責任がある」からだ）、少年に不利な調書や実況見分調書しか存在しないその事案では、少年の形勢は悪かった。また、実際には、信号の変わり目の事故であった可能性が大きく、少年の言葉をほぼ信じたとしても、完全勝訴にするのは難しい事案だったと思う。さらに、たとえ少年を勝訴させたとしても、控訴審でくつがえされる可能性も大きかっただろう。

しかし、少年には、また、彼の両親には、判決を求める「自由と権利」、そしてその判決が間違っていると思うなら最後まで争う「自由と権利」があったことには、間違いがない。

この事件の後、僕は、たとえ事案の解決としてはそれがベターだろうと思われる場合であっても、当事者が望まない和解を強く勧めることはやめた。強い立場にある裁判官が当事者の自由と権利を踏みにじることになりかねないと気づいたからである。

④ 当事者の言い分が不当であると思われる場合

当事者の中には、みずから非常に違法性の高い行為を行いながら、和解の席でも、自己の非を全く認めず相手をいたずらに非難するような人々もいる。例を挙げれば、第2章の最後の部分で挙げた**事例2**のような事件の原告にはそうした例があるし、理由のない理不尽な暴力行為を行いながらそれは相手の態度が悪かったからだと強弁するような被告もいる。

こうした事案でそのような言い分をそのままに放置して和解を進めるのは、その程度いかんにもよるが、「正義に反する」であろう。こうした事案に接すると、アメリカの懲罰的損害賠償（違法性の程度が高い被告に対する不法行為慰謝料については損害の補塡《ほてん》を超えて高額なものを認める。日本の最高裁は、「見せしめと制裁のための損害賠償である」といういささか感情的な言葉を用いてこれを全面的に否定した〔瀬木『民事訴訟法』の項目［691］参照〕）にも一定の根拠があるのではないかと感じることがあった。

⑤ 漂流型和解となっている場合

和解成立の見通しが全く立たないままいたずらに和解を続行することは、相当ではない。

僕は、前任者から引き継いだ事件で、双方当事者（代理人）が和解を打ち切ってほしいとの意向を明確にした上申書まで提出しているにもかかわらず裁判官がその後も延々と和解を続けていたという例を経験している（争点整理や判決をしたくないので、異動の時期まで和解を引き延ばしていた可能性が高い）が、裁判官のこのような行為は、裁判制度に対する当事者の信頼を根本的に失わせかねない。

事件類型による和解の適否

近年の民事訴訟の趨勢《すうせい》をみると、かつてに比較して、商取引にかかわる訴訟等の各種契約関係訴訟、また不法行為訴訟の割合が増え、不動産関係訴訟等古くからあるタイプの訴訟の割合は、相対的には減少しつつある。

全体としてみると、権利意識の変化と高まりに伴う訴訟内容の洗練ということがいえるだろう。半面、延々と続く泥沼的な紛争から派生する「怨念訴訟、人格訴訟」といわれるようなタイプの訴訟は、以前よりはかなり少なくなっている。

このことと和解とのかかわりをみると、まず、契約関係訴訟については、基本的には、和解に適する類型といえる。本格的に争われる事案では、当事者の双方に何らかの落度のある場合が比較的多いからである（法的な問題、ないしは、これに関連して、紛争の原因を作った、社会生活上責められるべき点があった、注意が不十分であった、といった部分、側面のあることが多い）。

交通事故損害賠償請求等の各種不法行為訴訟については、原告の過失の有無が考慮されなければならない。みずからに（ほとんど）過失なくしてこうした紛争に巻き込まれた原告については、あくまで書面による裁判官の判断を求めたいというなら、その意向は尊重されるべきだからである。しかし、原告にも相応の過失があるならば、和解は一つの適正な解決方法といえよう。

もっとも、不法行為事案では、「和解による原告の押さえ込み、賠償金額の値切り」は避けなければならない。この類型の事案では、原告が被告（あるいは被告側にある者、たとえば保険会社）に比較して圧倒的に弱者である場合も多いから、裁判官がそのことを含んだ上で適正な和解案を出すよう努めないと、被告の意向に引きずられた、原告にとっては酷な内容の和解となってしまう可能性があるということだ。

和解が成立しにくい事案

和解と判決の選択に関する最後の項目では、事件類型を離れて、一般的に和解が成立しにくい事案を挙げておく。次のとおりである。

①当事者間の感情的な行き違いが非常に大きい事案（離婚訴訟や財産がらみの親族間訴訟にある。財産がらみの親族間訴訟は、「顔も性格も似たところのある当事者」が相互に深い憎しみをもって臨むことも多く、僕にとっては最も気の重い事件類型の一つだった）、②事実関係についての双方の主張が根本的に食い違っている事案、また、両様の考え方が成り立ちうる法律問題が争点となっている事案（いずれも、当事者間の認識の溝が大きい）、③原告の主張が証拠上著しく根拠薄弱であり、不当訴訟とまではいえないとしても、被告にとっては迷惑ないいがかりと受け取られてもやむをえないような事案、④紛争の経過における被告の行動が一方的によくない（著しく自己中心的であり、正義にもとる）事案、⑤被告に全く資力がない事案、⑥当事者のいずれかあるいは双方が本人で、かつ、およそ他人の説得に耳を貸すことが期待できないような性格である事案。

ここでは、②の前半の類型に属するのだが、裁判官が突っ込んだ心証を示すことによって劇的に和解が成立した事案を挙げておきたい。やはり、『ニッポン』からの事案だ。

事例9

事案は、かなりの信用のある金融機関に対する不法行為請求（金額五〇〇〇万円）であり、主張の大筋は、金融機関の職員が預金の預け替えとこれにかかわる手形処理に関連して不正な操作を行い、原告に損害を与えたというものであった。

第一審は、原告の請求をあっさり棄却していた。原告が、陰《かげ》の金主《きんしゅ》（その実体は不明）から借りた金銭を投資して利益を得ている、ごく普通の感覚でいえばややうさんくさい人物であり、その主張する不法行為の内容が、悪徳銀行マンたちが暗躍する通俗小説の一章のように手の込んだ、複数職員の共謀行為だったからであろう。

控訴審の主任裁判官であった僕の、第一審判決を読んでの第一印象も、特に問題の大きな事案というほどのものではなかった。ただ、判決における事実認定の突っ込みが甘く、「経験則上金融機関の職員はそのようなことはしないと考えられる」といった予断の感じられる言葉が何回か用いられていることには、やや引っかかった。

また、和解期日に出頭した原告も、おとなしそうな常識人という印象で、いわゆる

「事件屋」的な人物ではないと感じられた。

和解については、被告金融機関がほんのわずかの金額しか提示しないので、打ち切ろうと考え、僕は、判決を前提として、訴訟記録をもう一度隅々まで読んでみた。すると、原判決のほころびが思ったより大きいことがわかってきた。

被告の主張中心に証拠をみることをやめ、距離を置いた高みからそれらを分析し直すと（第6章でふれた「視点の移動」である）、いくつかの、客観的で動かしにくい原告に有利な事実が、飛び石のように浮かび上がってきたのである。

そこで、僕は、次の和解期日に、被告代理人らに対して、「このような証拠評価もありうると思うけど、いかがでしょうか？」と問いかけた。

すると、被告代理人らは、さっと顔色を変え、「至急検討します」として和解期日の続行を求め、次回期日には、「裁判官の提示する金額で和解します」と、がらりと方針を転換したのである。

結局、原告は、請求金額に近い四〇〇〇万円の和解金を得た。この事案では、すでに遅延損害金が高額にのぼっていたので、請求金額に近い金額の和解でも、被告には十分なメリットがあった。しかし、高額和解の成立に一番驚いたのは、敗色濃厚と考えていたと思われる原告代理人だろう。

なお、おそらく、被告代理人らは、ことの真相を知っていたと思う。僕の先の言葉に青くなり、何一つ反論しないまま、「至急検討します」と応答していたからである。

それでは、第一審は、なぜ判断を誤ったのだろうか？　「まさか金融機関がそのようなことはするまい。むしろ原告がうさんくさい」という予断と、原告の主張ができ過ぎていて一見すると荒唐無稽《こうとうむけい》に感じられたことがその理由ではなかったかと、僕は考えている。

こうした例をみていただくと、和解に当たっても、裁判官が綿密な事案の検討を行い根拠のある明確な心証をもっていることがいかに重要であるかが、理解されるのではないかと思う。

和解勧告の時期

和解勧告の時期については、争点整理、人証調べ、判決と進行していく流れの中で、基本的には、争点整理、人証調べの各段階の終了後に、それぞれ和解の可能性が探られてよいと思う。

多くの紛争では、争点整理および書証の提出が（おおむね）終わった段階での和解が適切であり、この段階で当事者のほうから和解を求められることも多い。また、和解が成立する数も、この時点が最も多い。

当事者が人証調べを求める事案では、人証調べの終了後（当事者が最終準備書面を提出する場合にはその前）に和解を行う。これには、すでに争点整理段階で和解を行っている場合（代理人としては和解が適切だと思うが、本人が納得しないので、人証調べ後にもう一度和解を試みてほしいという事案が多い）と、当事者の対立が激しく、人証調べ後でないと（すなわち裁判官の心証が相当に固まった段階でないと）およそ和解が難しい場合とがある（なお、第8章の2でふれた「双方の本人、証人のすべてが在廷するかたちで尋問を行う方法」は、この最後の和解の気運を高める意味でも有効なことが多い）。

若干補足しておこう。

まず、僕は、実質的に争いのある事案については、原則として、双方の主張と書証がおおむね出そろう段階までは、和解は行わなかった。これは、心証に基づく和解である以上当然のことである。

次に、争点整理終了後の和解において、代理人がとりあえず人証調べを行ってほしいと求めるものの、人証調べを行うことによってそちらの側の形勢がより不利になってしまう可能性がかなり高いと思われる事案では、「そのリスクを検討した上でなお人証調べを行うことを希望しますか？」と確認していた。人証調べの結果として相手方勝訴の可能性が客観的にも相当程度明らかなものとなってしまった場合、相手方の和解案がより厳しいものとなる例が多いからである。

なお、後者の点については、弁護士からも、「当事者本人は人証調べの実施を望むことが多いといわれるが、ビジネスライクな発想をする依頼者（ことに企業）については、人証調べをすれば形勢が不利になるような事案では、説明すればその段階で和解に応じる例が多いと思うので、そうした事案では裁判官から率直にその旨を告げてもらえると助かる」という意見を聞いたことがある。

裁判官の和解の技術

裁判官の一般的な和解の技術（裁判官交互面接方式における）には、裏からみれば、当事者にとっての和解の技術にもなりうる部分があると思われるので、ここで整理しておこう。ビジネスパースン等の交渉方法についての一つの参考にもなりうるものと思う。

① **和解の回数はなるべく少なくし、また、一回ごとに必ず進展させることを心がける。**

和解は、回数が多いから当事者に対するサーヴィスになるというものではない。ことに、心証をガイドラインとして行う場合には、きびきびと進めるほうが和解成立に向けてのペースも形成されやすい。

一方、膠着《こうちゃく》状態が続くような和解は、早めに打ち切ったほうがよい。若手裁判官の場合、当事者のペースにはまってしまって動きがとれなくなる場合があるから注意すべきである（仮の地位を定める仮処分命令手続における和解でよくある。双方代理人に翻弄されながら打ち切ることもしにくい、といった状況におちいってしまうのである）。

②和解の進行状況については、毎回その期日の終了時に確認し、また、自分のためにもメモをとっておく。

これは、裁判官と双方当事者の認識の一致を図るためである。

僕は、期日の最後に、当日行った和解の内容、そこでの双方の意向、また、次回までにそれぞれがどのような事項を検討し、場合によっては相手方に直接連絡するか（相手方においてこれを踏まえた検討を行うため）について、双方対席の上で確認する場合が多かった。

また、自分のためにもなるべくメモを残しておいた（次の和解の開始時刻が迫っていると、すぐにはその時間がないこともあったが）。

これを確実に行っておかないと、当事者によっては、前回に述べていたことと別のことを述べたり、はなはだしい場合には、自分の案や希望について、裁判官が示したものであると、あるいは相手方も承諾したものであると、述べたりする例があるので、メモが必要なのである（代理人がついている場合でも、これが意外に多いのだ。こうした事態に遭遇すると、人間というものは、自然に自分に都合のよい「作話」をしがちなものなのだということを、しみじみ感じさせられた）。

③　各期日について、いずれの当事者から面接するのが適切かを考える。

これは、僕が常に配慮していたことだ。勝訴の見込みの高いほうか低いほうか、支払うほうか支払われるほうか、強硬なほうか柔軟なほうか、などの考慮要素を総合して、その時々で決めていたが、中心的な考慮要素は、前回に案を考えてくることをより強く求めたのはいずれに対してであったか、であろう。

一例を挙げれば、初回の和解で、本人を同行していてともに面接することを希望している勝ち筋の弁護士から面接を始めても、あまり意味がない。妥協案などおよそ出てこないことが多いからだ。

こうした場合には、まず反対側から面接し、次に、「本人についてはは少し待っていただいてとりあえず代理人からお聴きします。本人にもその後で入っていただきますから」と告げて、先の勝ち筋の弁護士から「本音の感触」を聴いてみるのが適切なことが多い。

和解勧告に応じた以上（実際には法廷でみずから和解を求めていた場合さえある）、本来は何らかの妥協があってしかるべきなのだが、こうした場合、最初から本人とともに面接すると、勝ち筋の弁護士は、依頼者の手前、「こちらとしては何も譲るものはありません」などと述べることが意外に多い。裁判官としては「それはいかがなものか？」と思うのだが、そこで、「じゃあどうして法廷で和解を求められたんですか？」などと言い合いをしても消耗するだけなので、勝ち筋ではない側から面接するのである。

④心証を示す時期とその方法についてよく考える。

まず、基本的な和解の枠組みや方向性についての裁判官の考え方は、早い時点で示すことが適切である。これが定まらないままに和解を進めることは難しいからである。

心証については、当事者の様子をみながら、最初は婉曲に示すか、それとも核心的な事項を含め一度に明確に示すかを、場合により使い分ける。一般的には前者のほうが無難だが、代理人との間に信頼関係が確立していれば、後者が簡明だ。

僕は、証拠評価にまで踏み込んだ具体的な心証開示をする例も多かったが、これについては、通常の裁判所では比較的短期間のうちに理解が得られるものの、東京のように同じ代理人と複数回出会うことがむしろ少ない大規模庁では、直截率直に心証を示されることに慣れておらず抵抗を感じる代理人（ことに高齢の代理人）も存在するようであった（おそらく、多くの裁判官は、ヴェールのかかったような開示の仕方をするからであろう）。

心証を開示する以上は、ことに不利な点については明確に説明するほうがよいのではないか、そのほうが反論や反証もそれが可能であればできるのだし、というのが僕の考えだったのだが、東京のような大規模庁では、表現のあり方にある程度配慮したほうがよいのかもしれない（こうして期間をおいてから振り返ってみると、裁判官の言動は、そのスタイルまで含めすべてが当事者に心理的な影響を与えるので、「むずかしいなあ」と思う）。

⑤ 裁判官の和解案は最初からもっているべきだが、柔軟に見直すことも必要である。また、示す時期については、和解の方向性がある程度煮詰まってからのほうがよい。

自分の案もないまま漫然と和解を続けていてもうまくはゆかない。裁判官も自分なりの案をもっていることが必要だ。しかしまた、当事者の意見や説明を聴きながら場合によりそれを修正してゆく柔軟さも必要なのである。

そして、裁判官案を示す時期については、和解の方向性がある程度煮詰まってからが適切である。裁判官案である以上、一度示したら大きく動かすことは難しいからだ。

僕は、当事者が早い時点で裁判官案の提示を求める場合には、「示してもよろしいですが、示したらそれに従う意向はおありですか？」といった意味の確認をしていた。ほとんどの場合、「いや、うかがってから考えます」という答えなので、「じゃあ、もう少しあとにしましょうね」ということになる。

⑥ もっとも、心証が固まったら、勝たせるつもりのほうにはそう告げる。

裁判官の多くは、勝たせるつもりのほうにも、そのことをはっきりとは告げない。それにとどまらず、「判決になったら必ず勝つとは限りませんよ」と言ったり、はなはだしい場合には、「負ける可能性が高いですよ」と告げたりする裁判官もいる。

最後の例のように当事者の双方に負かすと告げて和解を成立させるのは一種の背信行為なのだが、これをやる裁判官もときにはいるというのが事実なのだ。

僕は、これと異なり、自分の心証がはっきり固まってしまったら、勝たせるつもりのほう（多くは原告）には、当審では勝つと告げていた（なお、これは、この段階では、心証外の、「あなたにも問題があったのだから譲歩しなさい」的な事情に基づく説得はもはやしないことをも意味する）。判決の場合には上訴もあるし、強制執行がうまくゆくとも限らず、弁護士もそのことはよくわかっているから、そう告げても、二割くらいの譲歩はしてくれることが多い。

また、当事者本人も、裁判官に「私の心証ではあなたの勝ちです」と言ってもらうと、胸のつかえが下りて、「それじゃあ、最後までこだわって争わずに、今後のストレスも少ない和解にしようかな」と思うものなのだ。

中堅若手の裁判官は、こうした当事者の気持ちも理解しておくとよいと思う。日本人も、昔よりはずっと、手続に「フェアネス」や「透明性」を求めるようになってきているということだ。これは裁判官に限らないことだが、どうも、日本の権力者は、そして、知識人といわれる人々も、人々にフェアに接する心構えが足りないような気がする（いつも、手なずけたり丸め込んだりすることばかり考えている傾向がある）。

⑦和解のうち交渉の部分については、端的にいえば、相手の意向や気持ちを「読む」技術であり、裁判官のもっているあらゆる能力が試される。それらの中でも重要なのは、法的な知識やノウハウと、人間に関するそれである。

後者については、心理学、精神医学等のほか、芸術を含むリベラルアーツ全般もきわめて有益である。これらは、特に、相手の表面的な言動の奥にある本音（それは、本人によってさえ意識されていない場合がままある）を読み取るのに役立つ。

ほかにもさまざまなノウハウがあるが、それらをすべて記してゆけば一冊の本になってしまうだろう。重要なのは、そうしたノウハウを、和解成立のための手練手管としてではなく、当事者との間に円滑なコミュニケーションを築くための方法として用いることである。

和解の交渉は、碁、将棋やチェス等のゲームに感覚的に似ている部分があるが、それは、進行について何手も先を読んでゆく必要があるという側面においてであって、相手を翻弄したり策略を用いたりするという意味においてであってはならないと思う。

和解条項作成上の注意事項とノウハウ

和解条項の作成については、重要なことのみ簡潔にふれておく。

まず、債務名義になる（それに基づいて強制執行ができる）と思っていた条項がそうはならないといったことがないよう、その執行の可能性と具体的な執行方法について確認しておくことが必要である。

また、給付条項については、それが履行されなかった場合にどうなるかを考えておく必要がある（たとえば、和解条項上の債務についての期限の利益の喪失〔残額を一時に支払うことになる〕や遅延損害金の支払について定めておくなど）。定型的なものについては忘れないのだが、長い条項の一部、ことに、双方のさまざまな債務につき事実上の牽連性《けんれんせい》をもって履行することが予定されているような場合について、つい忘れることがある。この確認を怠ると、和解の解除により別訴の原因となる場合がありうる。

双方の債務の履行についての同時履行（引き換えの履行を行う）と先《せん》履行（一方が先に履行する）の別を明確にすることも重要である。

さらに、保全命令が出ている場合には、その取下げと保全命令の債権者である原告が被告のために立てた担保の取消しの同意（被告の同意）について定める必要がある（これを定めておかないと、担保に供した金銭等を戻してもらうための手続が面倒になる）。

最後に、いわゆる清算条項（「本和解条項に定める以外に当事者間に何ら債権債務関係はない」との条項）については、一般的な清算とするのか、それとも「本件事件」に限定するのかを明確にしておく必要がある。割合としては前者のほうが多く、当事者間のすべての関係が清算されることになる。当事者間に別の紛争があるか、取引等の法的な関係が続いてゆく場合には、後者となる。

なお、裁判官が、和解条項を口頭で確認し、あるいは当事者の持参した案（和解によってより利益を得るほうが作成するのが普通。複雑な和解では、あとから条項の不備に気づいて困ることのないよう、これを作っておくことが必要だ）の不備な部分に修正を加えながら確認してゆく場合には、当事者は、これを注意深く聴いて、自分でも検証してみることが必要である。

かつては、この段階で、代理人間で勝手に履行の打ち合わせや私語のやりとりを行って、和解条項をよく聴いていない代理人が存在した。しかし、僕は、このような代理人で、弁護士としてすぐれた人をみたことがない。一事が万事であり、代理人としての職務を全うすることを義務と心得ている人が、裁判官による和解条項の確認をないがしろにすることは、ありえないのである。

第12章　判決はどのように書かれるのか？

判決は、一般市民にとってはなじみにくい文書の一つだ。しかし、その構造を知ってしまえば、極端に難しい文書というわけでもないのである。

そこで、「判決が読めるようになるための前提知識」として、この章では、判決の位置づけ・目的、判決のあり方、僕自身の判決書起案体験とその要諦について解説する。

また、判決はどのような書面であるべきか、どうしたらわかりやすく緻密な判決ができるのか、といった疑問にも答えられるよう、ある程度突っ込んだ分析をも行いたい。

判決の位置づけ

本書で述べてきた僕の考える訴訟運営は、「裁判官方向明示型（暫定的心証開示型）争点整理」を行い、争点整理がおおむね完了した段階あるいは人証調べ後に適宜和解（心証中心型和解）を行い、和解において当事者から求められれば、場合により相当詳細な（証拠評価までをも含めた）心証について開示、説明することもある、というものだ。

これを全体としてみると、「訴訟の進行の段階に応じた裁判官の心証（ないし事件に関する見通し）を軸として、透明性の高い審理を行う」ということになる。

このようなポリシーで訴訟運営を行う場合、判決書の機能は、「最終的に、裁判官と少なくとも一方の当事者との間で、事実上・法律上の争点について認識の一致に至らなかった事件について、裁判官の判断とその根拠を明らかにする書面」ということになる。
そうすると、その具体的な記述のあり方の基本は、判決書のうち「事実（当事者の主張）」に当たる部分については、すでに争点が十分に整理されているはずだから、なるべく正確でわかりやすい箇にして要を得た記述とし、「理由」に当たる部分については、争点に関する具体的な主張に留意しながら、的確な証拠評価をまじえ、ことに核心部分については重点的に詳しく書く、ことが基本であろう。
全体としてみると、判決は、右のような位置づけに沿いながら、準備書面と同様に、適正な分量で、できる限り具体性があって明確なものとすることが望ましいといえよう。

判決の目的——誰のためのものか？

先の項目で述べたところとは少し角度を変え、判決の目的、いいかえれば「判決は誰のためのものか？」という観点からこれを検討してみよう。

①第一には、判決は、「当事者に読まれる書面」として書かれるべきものであろう。具体的には、僕は、とりあえず弁護士を念頭に置きつつ本人にとってのわかりやすさをも考慮し、判決書特有の伝統的な言い回しであっても日常用語としてなじまない表現は使わないようにしていた。また、できる限り、形式論理で割り切るフラットな書き方（官僚

作成書面のような）にならないように注意していた（司法官僚的な性格の強い日本の裁判官には、判決についても、こうした書き方をする人が相当に多い）。

判決である以上限度はあるものの、当事者の主張に応え、対話的なコミュニケーションを図る姿勢で書く（書物の執筆と同じような姿勢で臨む）と、わかりやすさや納得度が増すのではないだろうか。

なお、当事者といっても、弁護士と本人では判決に対する関心のもち方が異なり、弁護士は、結論のほか自己の主張に対する応答が精密に細かく行われているかに関心をもつが、本人は、基本的には、結論とその根拠、事実認定の要点がわかればよいと考えている、との感想も耳にする。

従来は、判決の読み手としての当事者という場合、もっぱら弁護士を念頭に置いた議論が行われてきた傾向があるが、今後は、当事者本人の読み方をも重視した考察や提言が行われるべきであろう。

② 第二に、控訴があった場合の上級審裁判官にとってのわかりやすさが考慮されてよいであろう。

もちろん、基本的には、第一の要請が満足される判決であればおのずから第二の要請にも応えるものとなるはずだが、上級審における審理判断がスムーズに行われるよう配慮するという観点からは、(i)誤記、誤算等を含め形式的な記載に誤りはないか、(ii)訴訟物は明確か、(iii)争点とこれに関する主張が証明・主張責任(証明責任を負う当事者はその主張の主張責任も負担する。つまり、自己の主張を基礎づける主要事実は、これを主張しなければ裁判所に考慮してもらえない)を考慮した上で漏れなく正確にとらえられているか、(iv)主文と理由の間に食い違いはないか、などの点について特に重点的な見直しを行うのが適切であろう。

③第三に、判例としての価値があると考えられる判決については、ことに、事実上・法律上の主張とこれに対する判断の流れが的確に示され、判旨事項と判決要旨が正確に導き出せるような説示となっているか、という観点から見直しを行うことが望ましいであろう(このような判決については、判例雑誌・判例集等に掲載されて参考にされたり分析されたりする〔つまり、「判例」となる〕ことも多いからである)。

判決書の「旧様式」と「新様式」

かつての判決書は、当事者の主張(主要事実、要件事実)を、請求原因、これに対する認否、抗弁、これに対する認否、再抗弁……といった順序で記し、裁判所の判断もこの順序に従って行ってゆくという書き方だった(今日では「旧様式」といわれる。もっとも、現在でも、使われることもありうる）。

これは、主張の「落ち」がなくなり、その法的な位置づけが明確になるという意味ではメリットもあったが、本来訴訟の中心的な生の争点はひとつながりの事実であるのにこれらを証明責任と主張の論理的順序という観点から分断して示すことになる（その点でわかりにくい）し、何よりも、要件事実論（実体法の条文ごとに、証明責任に従いながらその要件事実、主要事実を整理する議論）についての知識のない当事者本人には、ものすごく読みにくかった（昔から、判決は、悪文の典型例として挙げられることが多かったが、その理由の一つは、この「旧様式」のわかりにくさにあったのではないかと思う）。

そこで、現在では、当事者の主張は法的な争点ごとにまとめて記し、裁判所の判断も争点ごとに行うという「新様式」の判決書が一般的になっている（なお、僕は、この新様式が考案されたときの「民事判決書改善委員会」の若手委員の一人だった）。

判決書については、このように、遅れ馳《ば》せながら市民にとっての読みやすさを念頭に置いた改善が行われてきた。

しかし、判決に対する弁護士の一般的な見方は、一貫して厳しい。絶対数はわずかであるとはいえ、弁護士から任官した裁判官が多少増え、初心者にとっての判決起案の難しさが認識されたこともあってか、以前ほど表立った批判はないものの、それでも、「形式論理だけで杓子定規に割り切る判決が多い」、「理由の中心的部分が十分にきめ細かく具体的に説示されていない」などの意見はよく耳にする。

欧米の簡略な判決書

次に、目を外国に転じてみると、少なくとも第一審の判決書は、日本のそれに比べると簡略なようである。法曹一元制度を採っており、弁護士等の経験者が裁判官となるアメリカでは、第一審の判決書は、裁判官が口頭でざっと言い渡したものを勝訴当事者が書き取って提出し書記官の認証を得るという、日本では到底考えられないような形式で作成される場合も多く、「これならいくらでも判決できるな」と思ったものである（たとえば、ワシントン州裁判所）。

しかし、資料によると、大陸法系のフランスでも判決書はきわめて簡単、一番詳しいのがドイツのそれだが、それでも日本のそれに比べればラフ、ということのようだ（最高裁判所事務総局『民事裁判資料第一八一号 外国の民事判決書に関する参考資料』）。

さて、どのように考えるべきだろうか？

悩ましい問題だが、僕は、制度の組み立て方としてみれば、アメリカ的な行き方、すなわち、第一審は簡略な判決書とし、上級審でセレクトした事案について緻密な判決書を作成し、これを判例として生かす、という行き方にも一定の合理性はあると思う。

少なくとも、先のような弁護士の批判（当たっている部分がある）にも応えつつ、より凝縮された、実質的で読みやすい判決書にするための努力は必要だろう。

具体的には、最低限、判決のあり方、機能につき、①事実の的確な認定・分析と有機的に結び付いた法的評価の必要性、②社会の変化に呼応した柔軟で適切な判断の必要性、③形式的な論理やラフな経験則にとらわれない柔軟で血の通った判断の必要性、といった事柄が考えられてしかるべきだろう。

なお、④「判決を書く以上は完成度の高いもの（日本の裁判官の意識では、これが「役人の文章として完成度が高いもの」となりがちなのが困るのだが）を書かなければならないという裁判官の負担感が、結果として無理な和解を勧める引き金になってはいないか」という疑問についても、考えてみる必要があるだろう。

裁判のあり方も、「時代の流れと社会の要請」によって変わってゆくことは避けられない。「裁判は、まず第一には、市民、国民のためのものであって、法律家（専門家）のためのものではない」からだ（なお、このことは、医療、科学、政治、行政、経済等についても同様だと僕は考えている）。近年の一連の司法制度改革は、成功した部分はわずかであるものの、少なくとも、そのことを明らかにしたとはいえよう。

たとえば、社会一般に、何よりも迅速な判断を求めたい、訴えを提起した以上基本的には判決を求めたい、という要望が強く、判決については、主として弁護士にとっての説得力を念頭に置いた前記のような意味での緻密さよりも、迅速さと的確な検証可能性を求めたい（結論とそれを導く根拠の要旨が明確にされていればよい）ということであるなら、やはり、それに応じて、判決のあり方も変わらなければならないであろう。

右のとおり裁判がまず第一に市民、国民のためのものであることを考えるなら、たとえば、判決書のあり方やこれに関する人々の意見についての持続的で広範な実態調査が行われ、その結果についてさまざまな角度から十分な分析が行われることが、判決書に関する今後の制度設計の前提となるのではないかと考える。

日本の判決の問題点

それでは、ここで、これまでの記述を総合した上で、日本の判決について僕が感じる問題点を、再度、パラフレーズしながらまとめておきたい。

日本の判決には、①形式的には整っているが、フラットで長く、しばしば事実認定が不必要に細かく、一方肝心の主要な争点に関する判断部分は形式的かつおざなりな場合がある。全体として「分量の割には内容に乏しく、わかりにくい、『役人の作文』的な傾向」が否定しにくい（実をいえば、①は、日本の官僚が作成する文書一般に特徴的な傾向でもあるのだ）。

また、②事実認定と法的判断・法理の結び付きが明確でないものがしばしばみられ、したがって、抽象的な法理は示されていても、判断の具体的なメルクマールが不明確な場合が多い。

以上の二点については、改善の余地が大きいと考える。その際、事実を正確に認定し、これが先例と異なる場合には新たな判断を行うという英米法的な発想（基本判例法の国なので、判例の先例・法源としての拘束性を認めることの結果である）、また、法理の具体的なメルクマールを正確に確定するアメリカ法のリステイトメント（第10章でもふれたが、判例法理を条文のようなかたちにまとめ上げ、詳細な解説を付けたもの）の記述のあり方等は、参考になるのではないかと思う。弁護士も、英語がある程度できる人は、今では調査が容易になっているのだから、これぞという事件では、英語文献や判例も探索してみるとよいのではないだろうか。

さらに、こうした「日本型の判決書」を書くのに時間と労力のかかることが、結局、裁判官による和解の押しつけ・事実上の強要の横行、ひいては人々の不信を招いているという事実をも、直視すべきであろう。

これは、「日本の司法は本当にユーザー本位の司法になってきているのか？　相変わらず自己満足的な傾向が強いのではないか？　一体何のための司法制度改革であったのか？」という大きな疑問とも関連する問題である。

僕自身の体験から

さて、僕がみずからの新様式判決のスタイルをほぼ完成させたのは、任官後二〇年を経たころだった。

そのころになると、論文、専門書、筆名の書物等さまざまな文章を一〇年ほど書いてきたこと、この本に記してきたようなみずからの訴訟観や審理のスタイルが整ってきたことから、人証調べの終了時にはその時点における心証に基づく判決書の内容がほぼ頭に浮かぶようになった。一件当たりの起案にかける時間は、最初のころの三分の一くらいまでは短くなったと思う。

下書きは、複雑な事案でごく簡単なメモを作成する程度である。そして、単独事件であれば、起案に要する時間は、二、三時間から長いもので丸一日までであった。もっとも、合議事件のある程度大きなものについては、もし最初から起案するとすれば、やはり二、三日は要したかもしれない（『ケース演習』に収録した僕の判決の大半も、右の範囲の時間で書いている)。

審理の結果としての判断の結論と根拠を明確に示す文書という判決書の性格からすれば、裁判官の仕事の時間配分として、極端に大きな部分をこれにさくことは、相当ではないだろう(もちろん左陪席の場合は別である)。判決書は論文ではないのだから、慣れさえすれば、また、きちんとした審理を行っていれば、通常の単独事件なら、起案それ自体に非常に大きな時間がかかるというものではないはずだ。

しかし、一方、限られた時間の中で一定の水準に達した判決起案を行うには、かなりの訓練と技術を要することも、これまでの記述からおわかりいただけたのではないかと考える。

判決起案の要諦

先にもふれたが、判決について弁護士からよく聞かれる批判として、理由の部分が簡単過ぎる、理由の説示がフラット過ぎるということがある。このあたりは裁判官によって大きく差があるところで、僕がみても、これはまた随分簡単だなあと感じるようなもの、反対に、およそ理由がないと思われるような主張や証明力に乏しい証拠を排斥する理由をここまで詳しく書く必要があるのだろうかと感じるようなもの、双方がある。

ごく一般的にいうと、右陪席クラスの起案はていねいだが後者の傾向があり、裁判長クラスになると前者の傾向が出てきやすいように思う。そして、弁護士からみると、簡単なほうについてはいかがなものか、という見方になりやすいのかもしれない（もっとも、判決で最も重要な「結論」と「理由の要点」に関する限り、裁判長の単独事件判決は、やはり、相対的には信頼度が高いようである）。

僕自身も、事案明白なケースでは若いころより短めの判決が増えていたと思うが、それでも、事件の大筋、特徴を示す部分と中心的な争点に関する説示だけは、なるべく明確にかつ具体的に書くようにしていた。そして、事案にもよるものの、本格的に争われた事件（それなりに理由のある争われ方がされている事件という意味）についての極端に短い判決というのは、やはりやや疑問を感じるところだ。

なお、判決は、当事者等を読者として想定する法的文書として、その起案のあり方には、準備書面の書き方と共通する要素が多々存在する。その意味で、準備書面の書き方に関する第7章の記述も、そのまま当てはまる部分が多い。

新様式判決の具体的な書き方、その技術については、一般読者にとっての意味が小さいことから、その詳細は僕の専門書（『ケース演習』ないし『要論』）に譲り、最後に、僕の判決起案の要諦だけ箇条書きで示しておきたい。

①判決書だけで事案の全容が理解できるように書く（そうした意味での説明とわかりやすさに努める）。②できる限り凝縮した記述の中に大きな情報量を盛り込む（同じことを何度も繰り返したり、形式的な記述や判断にかかわりのない事実認定を長々と行ったりしないように注意する）。③全体として、わかりやすく書く（ことに、事実認定に当たっては、そのストーリー的な要素に留意し、事柄の「意味」や「因果関係」を意識して書く。また、個々の事実認定になるべくまとまりをもたせる）。

④法律論については、問題、結論、理由づけを明確かつ論理的に記述する。

付け加えれば、⑤総体として、判決も、準備書面同様、「読者」とのコミュニケーションに配慮しながら書かれることによってその質が向上するということも、間違いがないだろう。

第13章　上訴――控訴と上告

この章では、上訴である控訴と上告について一通りの法的な説明を行った後、控訴審における現在の審理のあり方等について解説し、また、ほかの章と同様、人々の法意識と関連する法社会学的問題（控訴のあり方）についてもふれておきたい。

上訴に関する基本的な法的知識

この項目は法律論になるので若干難しいかもしれないが、上訴を理解する上で最小限必要な知識なので、法的な説明に慣れない方は、集中して注意深く読んでみてほしい。

上訴とは、裁判が確定しない間に（上訴期間内に）、上訴裁判所に対して、その取消しまたは変更を求める不服申立てである。これによって、裁判の確定が遮断され、また、事件が上訴審に移審する。

上訴制度の全体としての組み立てやその構造は、国によって大きく異なっている。たとえば、アメリカでは、民事訴訟手続も陪審制を前提としている（今では、民事事件で陪審裁判が選択される例は必ずしも多くはないが）ことから、事実認定を行う事実審は第一審限りとならざるをえない。つまり、事実認定は陪審が行う場合のあることを前提とする以上、陪審がかかわる第一審でこれを確定するのを原則とせざるをえないということだ。

上訴で原判決をくつがえすことはどの国でも難しいが、アメリカの場合右の点からことにその傾向は強く、したがって、第一審のレヴェルが下がると、その悪影響もより大きなものとなりやすい。

また、日本では、旧民事訴訟法下においては、上告理由が事実上無制限に近い状態だったため、およそ理由のない上告がかなりの割合であり、最高裁判所（具体的にはことにその調査官）のエネルギーの相当部分がそれにさかれざるをえないという問題があった。

もっとも、後にふれる現在の制度では、逆に、最高裁判所が、判断を回避したい事柄について恣意的に上告受理申立てを取り上げないという問題が生じうるのも事実だ。

さて、判決に対する上訴は、控訴と上告である。

控訴は、地方・家庭・簡易裁判所が第一審としてした終局判決に対する控訴審（第二の事実審）への上訴である。

地方・家庭裁判所の終局判決に対する控訴は高等裁判所に対して提起し、簡易裁判所の終局判決に対する控訴は地方裁判所に対して提起する。

上告は、第一審裁判所が地方裁判所の場合、また高等裁判所の場合（高裁が第一審となる例外的な事件の場合。たとえば第8章の5でふれた辺野古訴訟はこれだった）には最高裁判所に、第一審裁判所が簡易裁判所の場合には高等裁判所に提起する。高等裁判所に対する上告の場合には、上告理由の範囲が異なってくる（法三一二条三項。後にふれるとおり、こちらのほうが上告理由の範囲が広いことに注意）。

日本の民事訴訟制度では、控訴審までが、事実審（事実の存否に関する審理判断〔事実認定〕と法律問題に関する判断の双方を行う）であり、上告審が、法律問題のみを取り扱う法律審である。

控訴審の構造（制度設計）については、裁判資料（主張と証拠）の範囲と収集方法、また、関連して、控訴審における審判の対象をどう考えるかにより、覆審制、事後審制、続審制の三つの考え方がある。

覆審制では、控訴審が別個独立に裁判資料を収集するので、審判の対象については請求それ自体であり、その当否について直接判断をするとみるのが自然である。

事後審制は、第一審の裁判資料のみに基づいて判断を行うものである。審判の対象は、原判決に対する上訴人の不服申立てであり、原判決の当否について判断することになる（現在の刑事訴訟法は基本的に事後審制である）。新たに裁判資料を収集しないので、原判決を取り消した場合には差戻しをすることが多くなる。

日本の民事訴訟法が採っている続審制は、これらの中間的な考え方である。第一審の裁判資料に加えて控訴審でもその収集が可能であり、また、控訴審では、原判決の当否について判断することになる。新たな裁判資料の収集が可能なので、原判決を取り消した場合にも、差戻しではなく自判のできることが多くなる（自判をする場合には、審判の対象が当初の請求の当否にまで及ぶことになる）。

上訴審（控訴審、上告審）の審判の対象は、日本の制度では、基本的には、原裁判に対する上訴人の不服申立て（原判決の取消し・変更の要求）であり、これが第一審における請求に相当する。

上訴裁判所は、不服申立てに理由がないと認めれば上訴を棄却し、理由があると認めれば、原判決を取り消し（控訴審）、あるいは破棄し（上告審）、その上で、事件について新たに適切な裁判をする（自判。前記のとおり、これを行う場合には、審判の対象が当初の請求の当否にまで及ぶことになる）。

上告と最高裁の裁量

上告については、現行民事訴訟法が、最高裁判所の負担軽減の趣旨から、新たに、上告受理申立ての制度（法三一八条）を導入したことが重要である。

その結果、上告理由は、①憲法違反（法三一二条一項）、②絶対的上告理由（同条二項。重大な手続法違反がその内容）、③判決に影響を及ぼすことが明らかな法令違反（同条三項。通常の法律問題はこれに含まれる）の三つに整理された。

そして、③については、高等裁判所が上告審となる場合にのみ認められることになった。より軽微な事件についてより上告理由が広いのは一見奇妙に感じられるが、これは、前記のとおり、最高裁判所の負担軽減を図ることを目的とする制度改正だったためである。

そして、最高裁判所については、③に代えて、判例違反等の法令の解釈に関する重要な事項（その実質は③とほとんど変わらない）を理由とする上告受理申立ての制度が認められ、最高裁が上告審として事件を受理する決定（受理決定）をした場合にのみ上告があったものとみなされる（上告の効果が擬制される。法三一八条四項）こととなった。つまり、通常の法律問題については、最高裁に、その中から適切と考える事件だけをピックアップして審理を行う裁量が認められたわけだ。

この改正自体には一定の合理性、必要性があったのだが、問題は、不受理決定については不服申立てができない（この意味で、「裁量上告制度」ともいわれる）ため、実際上は、法令の解釈に関する重要な事項（法三一八条一項）を含む事案についても、最高裁判所が、判断を回避したい場合に不受理決定を行う可能性が避けがたくなったことである。

「日本の最高裁判所はそのようなことはしません」と断言することができれば僕もうれしいのだが、日本の司法に関する僕の一連の専門書・一般書、民事訴訟法と法社会学の総合的分析をお読みいただければ、そう断言するのは難しいことが、おわかりいただけるだろう。

社会に大きな影響を与える重要な法律問題、一例を挙げれば、近年の名誉毀損損害賠償請求訴訟における被告の真実性・相当性の抗弁の扱い方やこれらに関する不当な立証制限といった問題（これには最高裁判所事務総局が関係。『ニッポン』第4章の1参照）について、最高裁判所に厳しく問う機会（当事者の権利）が事実上なくなってしまったことが、社会に与えるダメージは大きい。今後の問題として指摘しておきたい。

新たな証拠調べはあまり行わない控訴審

控訴審における審理のあり方については、①続審制の「事後審的運営」が行われ、控訴理由が実質的に問題とする部分にしぼり込んだ集中審理が行われており、②場合によってはそのことをめざして裁判所と当事者の間で第一回口頭弁論期日前の事前手続（進行協議期日や弁論準備手続期日、事実上の面接等）や和解が行われる、③事案は、さらなる弁論の続行や証拠調べが必要な事案（全体の二割程度）と早期結審が適切な事案とに大きく振り分けられ、後者については第一回口頭弁論期日における結審も考えられる、④判決書については、当事者が不服を申し立てている中心的な部分が明らかになるようにし、また、判断においても、たとえば、「控訴人の当審における新たな主張について」といったた項目を設けることによってそれが明瞭になるようにされている、といった要約が可能だ（司法研修所『司法研究報告書第五六輯第一号　民事控訴審における審理の充実に関する研究』〔雛形要松ほか〕）。

さて、この要約部分を読んで、あなたは、どう感じられただろうか？

もしも、あなたが、これだけの記述から、「控訴審の裁判官は、基本的な態度としては、第一審の裁判官よりもビジネスライクで、法律の素人にはやさしくないのかもしれない」と感じられたとしたら、あなたは、かなり鋭い法的・制度的感覚をおもちだ。

そのとおりであり、控訴審は、控訴人の主張（その中には新たな主張もありうる）に基づき、第一審の判決が誤っていないかどうかを精査し、必要があると認めれば弁論を続行して新たな証拠調べも行うが、その範囲は、実際には、第一審よりもかなり限定的である。これが、前記①の「続審制の『事後審的運営』が行われ、控訴理由が実質的に問題とする部分にしぼり込んだ集中審理が行われて」いるということの意味なのである。

ある時期以降、これは裁判官の官僚化傾向に伴うことともいえるのだが、控訴審の審理が事後審的になり、新たな証拠調べをあまり行わず、かつ、第一回口頭弁論期日に弁論が終結されること（この場合、裁判の結論はまず変わらない）がかなり多くなったのである。

もっとも、これは、第一審の審理の充実を前提とする限りは、一つのありうる方向、一定の合理性のある方向ということもできる（控訴審の審理のこうした厳格なあり方は、程度の差はあれ、多くの国でみられるものだ）。

しかし、第一審の審理が、審理期間を短くすることを第一の目標とし、和解の押しつけ傾向（その結果として、和解ができずに判決になる場合でも、判断が手抜きになったり、そこに感情的なものが入ってきたりしやすくなる）、あるいは手間のかかる証拠調べ、ことに人証調べをしたがらない傾向が強まっているといわれる近年の状況を前提とすると、右のようにいえるかはかなり疑問である。

「『訴訟の生命線は第一審にある』という基本が十分に認識、尊重されてこそ上訴制度も健全なものになる」ことが、忘れられてはならない。

そして、こうした控訴審の審理にうまく対応してゆくことは、弁護士でも、若手でまだ上訴に慣れていない場合には、それほど容易ではない。ましてや、本人訴訟の場合には、「何がなんだかよくわからないうちに終わってしまった」ということになりやすい。

第一審はともかく、控訴審、上告審ともなると、素人の手に余る部分が大きくなってくる。したがって、実際上原告本人訴訟が基本的に可能なのは、第2章に記したとおり、比較的簡単、類型的な事件で被告が実質的に争わない場合（こうした場合、たとえ上訴があっても、事実上和解目的のそれであるのが通例）、ということになるのである。

第一審判決の全部取消事案は七、八パーセント

当事者が上訴を行うのは、原判決に不服のある場合、それが誤っていると考える場合であり、控訴の場合は、そのほとんどが、事実認定の誤りをいうものである（第10章でふれたとおり、第一審で法律論が中心的な問題になる事件は少ない）。

では、僕の控訴審における裁判官経験を踏まえて、第一審判決のうち結論ないしその重要な一部が誤っている、あるいは修正が適切であると感じられたものの割合はというと、ほぼ一五パーセントというところだった。具体的には、全部取消事案が七、八パーセント、一部取消（結論の一部修正）事案も同程度ということだ（後者については、当事者から結論の一部修正のための新たな主張が提出される結果そうなることも多い）。

僕の専門書（『要論』）におけるこの見積もりは、裁判官たちのうちでも原判決に対する見方が厳しいほうの裁判官のそれだったから、その後一五年ほどの間に全体としての裁判官の質や審理のあり方がいくぶん劣化した可能性を考慮に入れても、現時点において、先のような割合の実際がそれほど大きく変わっているとは思えない（せいぜい二、三パーセントの違いだろう）。

また、国際的にみても、結論の当否という観点だけからみる限り、おそらく、それほど

大きな相違はないだろう（なお、裁判所の統計上、控訴審判決中に占める取消判決の割合は後記のとおり一五パーセントよりもかなり高いが、これは、取消相当事案は和解が成立しにくいので判決になりやすいことなどが関係している）。

本格的に争われた事件の控訴率は、なぜ一律に高いのだろうか？

では、控訴率のほうはどうだろうか？　これは、欠席判決等をも含めるとさほどでもない（時代にもよるが、三割前後）のだが、統計はないものの、本格的に争われた事件だけについてみると、きわめて高く、どの裁判官でも六、七割程度以上はいっているのが普通だった。

なぜ、本格的に争われた事件についての控訴率が、こんなに高いのだろうか？

判決の中には、両様の判断がありえないではなく、したがって控訴があって当然、という事案もある。しかし、反面、およそ争う余地に乏しいと思われるにもかかわらず控訴がなされる事案も、実際には少なくないのである。

僕の場合、地裁に戻ってきた記録を見ることのできた事案に関する限り、控訴審で全面的に取り消された判決というのは、ほとんど記憶がない。価値にかかわる事案や法的判断が微妙な事案ではそのようなこともありうるし、基本的な事実認定を誤るのもありうることとは考えるが、実際問題としては、全部取消しはほとんど経験したことがなく、一部取消し（たとえば過失相殺の割合の変更等）の事案、あるいは和解の結果をみると控訴審の心証は異なったのかもしれないという事案が、ごくまれに存在した程度である。

そして、僕の周囲でも、ヴェテラン民事裁判官の場合、これと似たような状況となっているケース（控訴審における判決の取消率がきわめて低い）は、そこそこあった。

このことと、控訴審判決における取消（全部または一部取消）判決件数は、全判決件数の約二四パーセント、和解等を含めた全既済事件数の約一四パーセントという数値（二〇一七年度統計。後者は僕の先の見積もりとほぼ一致している。つまり、裁判官全体をみるならば、取り消される判決の割合は、「ごくわずか」とはいえない）とを照らし合わせると、「控訴審における判決の取消率には、裁判官によってかなりの差がありそうだ」という事実が浮かび上がってくる（判決を取り消される割合が平均よりかなり高い裁判官も一定程度存在するはずだということだ。また、実際、そのような裁判官たちは存在した）。

そこで、問題は、裁判官によって「控訴率」にもまた大きな差があるのだろうかということだ。これが肯定できるなら、判決がそれなりによく検討、分析された上で控訴がなされているとみることができよう。

しかし、僕が裁判官であった当時調べてみた範囲では、裁判官による控訴率の差は、ほとんどみられないか、あるとしてもさほど大きくなかったのである。これは、つまり、「判決の内容や質による控訴率の差は大きくない」ことを意味しよう。

以上のような検討の結果は、前章で論じた判決のあり方ともかかわってくる。そこで引いた判決のあり方に関する弁護士の厳しい意見からしても、僕はそのようなことはないはずだと思うのだが、もしも、「誰の判決でも、すなわち、判決の内容や質や個性にかかわらず、控訴はほぼ同じ割合でなされる」ということであるなら、「説得力という観点、機能からみて、緻密な判決を書くことにどれほどの意味があるのだろうか」ということになりはしないだろうか？

そのように考えるならば、当事者（ことに弁護士）としても、判決の内容や質をよく見極めた上で、控訴すべきか否かを慎重に検討すべきではないかと思うのである（もっとも、和解を目的とする控訴自体は、不当なものではなく、これが一定の割合で出てくることはやむをえない）。

ここで僕の意見を述べると、「争いのある事件については基本的に控訴する」という先のような傾向の根本的な原因は、二つあると思う。

①一つは、日本人の「訴訟手続は『一つしかない真実』を究明すべき場所である」との発想の帰結として、たとえ緻密な判決であったとしても、自分の主張した事実が認められないと受け入れにくい、納得できない、ということがあるのではないかということだ。

② もう一つの原因としては、当事者本人に、客観的に判決を読む、客観的に自分と紛争を見詰める、そのような目がやや不足しがちだ、ということも考えられるように思う。これは、法的リテラシーの問題にもつながる。

控訴、上告については、信頼できる弁護士に判決の内容を正確に説明してもらった上で、また、その弁護士とよく相談した上で、決定するのが一番だということである。

現在の高裁、最高裁は十分に機能しているのか？

上訴に関連して、現在の高裁、最高裁の状況についても、少しふれておこう。

控訴審（高裁）では、実質的にみればほぼ二人制合議が行われている場合が多いと思う。少なくとも、僕の知る限りではそうだった。これは、陪席にもう一人の陪席の主任事件の記録まで検討する余裕がないためである。主任裁判官である陪席がまず大筋を考え、裁判長がこれを検討し、議論するというパターンとなる。主任裁判官でない陪席は、多くの場合ほとんど口を出さない。例外は、難しい事案や意見が分かれた事案で、裁判長が特に詳細な記録検討と合議への参加を求めた場合くらいであろう（なお、地裁においても、合議事件への右陪席の関与は、どうしても限られたものになりがちである。まずは自分の単独事件の検討が先になるからだ）。

実際には、主任裁判官が優秀な場合には、これでもあまり問題はない。主任裁判官でない陪席が、記録検討が浅く、よくわかってもいない状態で口を出すと、かえって合議が混乱、紛糾《ふんきゅう》するという事態も起こりうるからだ。

しかし、主任裁判官が必ずしも優秀とはいえない場合には、裁判長に大きな負担がかかる。高裁の人事配置においては、少なくとも各部の陪席のうち一人は優秀な裁判官が充てられている例が多いのは、そうでないと、多忙な時期には裁判長が破産してしまいかねないからだ（地裁でもその傾向はあるが、全事件が合議の高裁では、陪席の能力が裁判長の負担を決める側面が大きい。合議事件における裁判長の負担からみると、陪席にかなり問題がある場合の一件は、陪席が優秀な場合の一・五件くらいに相当するかもしれない）。

このような実態なので、その事件の主任裁判官である陪席がだめ、そして裁判長も今一つといったことになると、弁護士は、「これが本当に高裁の訴訟指揮、和解、判決か。一体何のための控訴審なのか？」といった事態に出くわすことになる（実際にも、そういう例はある。これには、日本のような年功序列型キャリアシステムでは、能力的に目立った問題のあるような限られた人々以外の裁判官は、やがて、高裁の陪席や地家裁の裁判長になってゆくし、場合によっては高裁の裁判長にもなりうることが関係している）。

その意味では、裁判官の質がそこそこそろっているという前提が満たされないと、控訴審の機能は全うされない。現在は、その点がいささか怪しくなってきている状況ではないかなと僕は考えている。

法曹一元制度に移行する場合には、高裁にも一定数のロークラーク（法科大学院を優秀な成績で卒業した若者が裁判官の事務を補佐する）を置いて、優秀な若手に調査を手伝ってもらう態勢にすること、その上できちんとした三人合議を行うことが望ましいであろう。ロークラークが置かれれば、陪席は、みずからの主任事件以外の事件についても、その問題点を把握することが容易になる。

最後に、最高裁については、既得権に基づいた分野ごとの枠人事（『ニッポン』第7章）という裁判官の選任方法に大きな問題があるといわざるをえない。日本の最高裁判事は、ごく一部の例外を除けば、「あまりにも似通っていて相互に区別すらつけられない人々の集団」という傾向が強い。そして、実質的にみれば、ヒエラルキーによって統制された調査官集団が判例をつくっており、そこには、みずからはほとんど裁判を行わない最高裁長官の思惑が陰に陽にはたらいている。次の章に記すとおり、最高裁人事についても、中立公正な委員会が関与する方向での改革が望まれるところといえよう。

第14章　日本の民事訴訟制度をよくしてゆくためには？

最後の章では、これまでの記述を踏まえて、日本の民事訴訟制度をよくしてゆくためにはどのような方法が考えられるかについて、僕の考えを簡潔に記しておきたい。

日本の民事訴訟の問題点

裁判において重要なことは、① その判断の質（適切さ、公正さ）、② 手続の透明性、手続保障と当事者の納得、③ 迅速さ、の三つであると考えられる。そして、日本の現状は、「③は一定程度満足されているが、①、②については問題がある」というところではないだろうか。

近年の民事訴訟では、訴訟の遅延よりも、裁判官が、審理の手間を省いて、進行を急ぎ、無理な和解を行ってみずからの案を押しつけたり、行ってしかるべき人証調べを行わなかったりすることのほうがより大きな問題となっていることには、留意しておくべきだろう。

また、司法全体を通じてみると、「司法は権力チェック機構としての役割を十分に果たしているのか？」という問題もある。これについては、僕が何度も分析、批判してきたとおり、日本の裁判所が権力チェック機構としての役割を十分に（先進国に期待される水準で）果たしているとは到底思えない。

「日本の裁判所は、控えめにみても、権力チェック機構としての性格が弱過ぎ、権力補完機構としての性格が強過ぎる」というのは、自由主義者のみならず、正統的な保守主義者でも、認める、認めざるをえない事実なのではないだろうか。

その改善の方法

では、以上のような問題の改善、本書の対象にしぼれば行政訴訟をも含めた広い意味での民事訴訟の改善のためには、どのような方法が考えられるだろうか？

根本的な改善のためには、やはり、法曹一元制度（一定期間弁護士〔あるいは、数は少ないが学者〕等の在野の法律家を務めた者の中から裁判官を選出する制度）の実現が必要だろう。

最高裁が任用、異動、昇進を含めた裁判官の人事を不透明なかたちで独占している状況では、また、そのような状況で裁判官を志望する若者の多くが「市民のための裁判官、判断官」というよりも「権力の一部としての司法官僚」的な性格をもちやすい（そうでない人々は弁護士になってしまう）ということでは、市民本位の司法、市民のための司法の実現は難しいからだ。なお、僕は、弁護士等の経験期間は、それほど長くなくても、たとえば、制度発足当初は、五年から三年程度でもかまわないと考えている。

また、法曹一元制度については、もしも全面的なそれが難しいのであれば、オランダやベルギーにならった部分的な（しかし本格的な）法曹一元制度も、過渡期のそれとしては考えられよう。ただし、裁判官に任用される者のうち少なくとも半分程度について法曹一元制度が採られ、弁護士等から任用されるのでないと、その効果は限られるだろう（ちなみに、オランダでは八割、ベルギーでは五割でありかつ任用者の全体につき最低一年間の実務経験を要求。以上につき、日弁連裁判官制度改革・地域司法計画推進本部『オランダ・ベルギーにおける弁護士任官調査最終報告書』参照）。

そして、部分的法曹一元制度であっても、やはり、ベルギーの制度にならい、すべての裁判官の任用、異動、昇進全般を最高裁からも政治からも基本的に切り離された中立の委員会にゆだねることは必要だ。

さらに、僕は、法曹一元制度がすぐには無理だというなら、「とりあえず先のような中立の委員会の創設だけでも実現することができれば、日本の司法はかなり改善する」と考えている。その意味では、たとえば、アメリカの州以下のレヴェルの司法のうち問題の大きな地域（そうした地域では、裁判官の問題は、全体のごく一部。裁判官制度だけ変えても、問題はあまり解決しない）のそれの改善に比べれば、処方箋はより簡単なのだ。

しかし、ただそれだけのことでも、日本では容易には実現できないだろうことも、三三年間裁判官として、それに近い期間研究者として日本の司法と社会をみてきた僕には、よくわかっている。その困難さの原因は、①日本の裁判所の機構や体質の問題、だけではない。②弁護士、弁護士会のあり方、③訴訟当事者本人を含めた市民の法的リテラシー成熟の必要性、等の問題もまた、この困難さに関連している。

法曹一元制度と関連しての弁護士の問題

前記①から③のいずれも大きな問題だが、長いスパンでの地道な改善が必要だろう。僕が物心ついたころの日本と現在の日本を比較すれば、たとえば市民のモラル一般は格段に向上している。そのことを考えるなら、「こうした問題の解決も、数十年単位で粘り強く考えてゆけば可能なはずではないか」と僕は考えている。

こうした問題に関する僕の考察については、これまでの書物の中では、『哲学と意見』第Ⅱ章の2、より広くは『本質と諸相』、『要論』等に記しているところだが、うち②の問題、弁護士、弁護士会のあり方の問題については、本書の内容とも深く関連しているので、ここでも簡潔にふれておきたい。

たとえば、法律論を展開する能力ということがある。

僕の主観的な感覚にすぎないが、非常におおまかな言い方で比較すると、若手裁判官で法律論を綿密かつ正確に展開できる人（判決の中で見通しのよい法律論を書ける人、説得力のある判例となるに足りるような法律論が展開できる人）は全体の半分足らず、若手弁護士の場合には全体の四分の一程度という印象がある（なお、厳しくみれば、いずれの割合もさらに下がるかもしれない）。

修習生の中でも能力の高い人の弁護士になる割合が近年大きくなってきているにもかかわらず、なお、このように、弁護士の法律論に詰めの甘いところがある理由の一つは、やはり、「自分も場合により裁判官になりうるという視点を欠くこと」にあろう。

当事者としての法律論は訴求力があればそれでよいが、判断する側にまわる際には、角《かど》をきっちりと取った論理性の高い法律論を展開することが必要になる。これは、弁護士の実務家教員が法科大学院で教える際にも問題になる事柄である。

要するに、法曹一元制度が採られていないこと、そのような方向性が真摯に検討されていないことの結果、弁護士に、判断者の「視点」から、あるいはそれをも踏まえた上で、厳しい姿勢で法律論に取り組む「目」の欠けていることが、先のような結果を生んでいるのではないかと考える。本格的法曹一元制度実現の前提としても、弁護士全体、ことに能力の高い弁護士は、さらに法律論をみがいてゆく必要があるだろう。

また、日本の法学教育の問題点の一つは、法的調査（リーガルリサーチ）および法的立論のテクニックを系統的に教える技術が発達していないことだ（本書第10章のような内容を記した書物は、実は、専門書でも少ない）。研究者教授の大多数はあまり実務を知らず、一方実務家教授の大多数は体系的、系統的に法律を教えることにあまり慣れていない（この点は、先のような弁護士の問題にも関係している）という事情から、こうした空白が生じているように思われる。

さらに、日本のように本人訴訟が可能な制度では、本人のお世話は「裁判所の責任」になってしまい、弁護士は、「裁判官、ちゃんと指導してくださいよ。これじゃ、こちらの準備書面も書けませんよ」などと言っていばっていればいいのだが、法曹一元制度が採られれば、こうしたむずかしい本人のお相手も、弁護士出身者がしなければならなくなる。しかし、現在の弁護士は、そうした観点から本人訴訟の問題を考えてみることがほとんどない。

最後に、日本の弁護士のうち相対的な低レヴェル層には、「主張についての法律面の難しい部分、あるいは手続法的な問題の面倒は、裁判官がみてくれて当然」という潜在意識に支えられた裁判官（お上）依存傾向、主体性の不足がある。これは、日本の弁護士が全体として抱える最も大きな問題の一つだ。

今になって振り返ってみれば、そして正直に告白すれば、僕が裁判官から学者・著者に転身した理由の中には、全体の中でみれば小さな割合を占める事柄にすぎないにせよ、裁判官として本来行うべき範囲を超えて、弁護士が率先して行ってしかるべき事柄についてまであれこれと釈明を行い、助言し、みずからまとめて調書にとり、さらには、第8章の2でもふれたとおり、反対尋問に代替するような内容の補充尋問まで行い続けることにいささか疲れた、ということもあったと思う。

そして、こうした問題の根には、たとえば右の本人訴訟問題のような事柄を一例とする「制度の生み出すきしみの部分」を弁護士が主体的に引き受け、改善してゆく歴史や姿勢の不足ということがある。

本格的な法曹一元制度が実現し、あるいはそれへの志向性が高まらない限り、弁護士、弁護士会（正確にいえばその総体）が日本における弁護士の問題点や弱点を深く認識し、検討を重ねてその抜本的な改善を図るという事態は、考えにくいのではないだろうか。

逆にいえば、法曹一元制度が本格的に採り入れられれば、少なくともそのような方向性が真摯に検討されるようになれば、弁護士、弁護士会は、先のような問題にも主体的に取り組まざるをえなくなる。

そのような意味で、法曹一元制度、また、それに対する志向性は、裁判官のみならず、弁護士、ひいては、これと接する市民、国民のあり方や意識をも、大きく変えてゆく側面があるのだ。

エピローグ――あなたのリーガルマインドのさらなる向上を

さて、あなたは、この書物をどのように読み終えられただろうか？

本書は、主タイトルを『民事裁判入門』としているが、その内容は、単なる民事訴訟の入門書、解説書にはとどまらない。

僕の専門書群を一つの基盤にしつつ新たな考察をも加えた記述は、日本の民事訴訟制度についての法社会学的考察や比較法的考察をもまじえているし、記述の背景には、日本社会論、現代日本人の法意識、裁判における認識論といったテーマも含まれている。

また、民事訴訟のコアとなる概念や要素、さらに民事訴訟戦術の奥義と要諦といった事柄については、一般読者、学生のみならず、弁護士をはじめとする法律実務家や法学者をも満足させることの可能な内容を、できる限りわかりやすく、また、具体的な事例、実例をも適宜まじえながら論じたつもりである。

最後に、本書、ことにその中核部分の記述には、プラグマティズム（アメリカ型経験論に基づく哲学的方法）の視点から、コミュニケーション、プレゼンテーション、視野を広げて考えること、書くことなどに関する実践的な技術を説くという側面もあり、そうした部分については、一般学生やビジネスパースンをはじめとする広い範囲の読者にも、参考にしていただける情報や方法が、かなり含まれていたのではないかとも考える。

以上のような特色を備えた民事訴訟のコンパクトな解説・分析書は、日本にはもちろん、海外にもあまり例をみないものではないかと思っている。

「法的リテラシー」という言葉はやや和製英語的だが、「リーガルマインド」という言葉は英語圏でも広く使われる。「法律を使いこなすために必要とされる、柔軟、的確かつ視野の広い法的思考力・センス」といった含みの言葉である。

本書の読者が、民事訴訟制度を含む法的制度・手続の、みずからと社会にとっての重要性を理解され、読者の周囲で、日本社会の中で、さらに広い世界において起こるさまざまな法的紛争やその問題点に対する感度を高め、今後も、みずからの「法的リテラシー」、また「リーガルマインド」をさらに向上させるための努力を継続的に続けていただけるなら、その努力は、日本や日本人が、そのさらに洗練されたあり方をみずからのものとしてゆくために役立つ一つの確かな力となって実るに違いない。僕は、そう考えている。

最後になるが、間に五冊の単行本と懸案《けんあん》事項であった民事訴訟法の教科書刊行をはさんでちょうど四年半ぶりの新書となった本書では、前任者同様のヴェテラン編集者である所澤淳さんの的確で温かなサポートをいただいた。お礼を申し上げたい。

二〇一九年六月六日

瀬木　比呂志

拙著等ブックガイド

このブックガイドでは、僕の専門書・一般書の中から、本書の内容に何らかの意味で関連し、本書の読者にも興味をもっていただくことができるようなものを、順不同でいくつか挙げ、簡潔な解説を付しておいた。本書とともに、参考にしていただくことができれば幸いである。なお、末尾には、本文中で引用したほかの書物のうち同様の関連性のあるものをも、いくつか挙げておいた。

①**『民事訴訟実務・制度要論』**〔日本評論社、二〇一五年〕

日本の民事訴訟実務と民事訴訟制度の体系的・実証的分析書。

本書の記述の大きな基盤は、これの第1部である。したがって、本書の内容についてより突っ込んだ細目や考察を知りたいと考える方は、これを参照していただくとよいと思う。

②**『ケース演習　民事訴訟実務と法的思考』**〔同、二〇一七年〕

学生・法律実務家向けの解答・解説付きケースブック（各種事件類型についての僕自身の判決〔判例になったものを含む〕に基づきながら設問や解説を行う書物）。性格的には、①ないし本書の「姉妹編・実践編」であって、日本の大学の授業ではなかなか学べないリアルな「リーガルマインド」を読者が独習で身につけられるよう、種々工夫を重ねた内容となっている。法律を学ぶ学生や弁護士等の実務家、また、本物の民事判決を解説（ただし法律論中心）付きでまとめて読んでみたいという読者にお薦めしたい。

③『**民事訴訟法**』〔同、二〇一九年〕、④『**民事保全法〔新訂版〕**』〔同、二〇一四年〕

前者は、本文七〇〇頁余りの教科書であり、「難しいことを、明確、正確に、かつわかりやすく書く」という僕の一つの課題を最大限に追求した書物でもある。

後者は、これと姉妹作になる体系書であり、最初の専門書主著で、現在、この分野では最も定評のある体系書といってよいと思う。

⑤『**民事訴訟の本質と諸相——市民のための裁判をめざして**』〔同、二〇一三年〕

裁判官時代の最後のころに執筆を始めた僕の研究の「総論」であり、内容は、裁判・法学・日本人の法意識等に関する多面的な法社会学的考察である。

⑥『**裁判官・学者の哲学と意見**』〔現代書館、二〇一八年〕

以下は一般書だが、これはその「総論」ともいうべき内容の書物。

司法や裁判に関するものをも含めての僕の考え方や方法（経験論〔プラグマティズム〕、自由主義等の哲学ないし思想等を含む）、また、元裁判官であり学者・著者である僕の関心の総体、そして、両親との確執やリベラルアーツをも含めたその背景を示している。

⑦『**リベラルアーツの学び方**』〔ディスカヴァー・トゥエンティワン、二〇一五年〕、⑧『**教養としての現代漫画**』〔日本文芸社、二〇一九年〕

僕のプラグマティズムの素材、精神的道具になっているのは、自然科学、社会・人文科学、思想、批評、ノンフィクションから各種の芸術までに至る幅広いリベラルアーツである。この二冊は、僕のプラグマティズムの背景にあるリベラルアーツのかたち、また、「これらとかかわりながら考え、感じる方法」を伝えるものだ。

前者は総論である。後者は各論の一つで、一九六〇年代以降の現代漫画についての、僕なりの視点からの見取図、物語を示すとともに、ほかの芸術やリベラルアーツ全般との比較、つながりに重点を置きながら、個々の漫画家や作品を詳しく論じている。

以下は、本文で引用した拙著以外の書物のうち、本書のテーマに関連の深いものである。

⑨**川島武宜**『**日本人の法意識**』〔岩波新書、一九六七年〕

⑩**リチャード・ズィトリン、キャロル・ラングフォード著、村岡啓一訳**『**アメリカの危ないロイヤーたち——弁護士の道徳指針**』〔現代人文社、二〇一二年。原著は一九九九年刊行〕

⑪**久野収、鶴見俊輔、藤田省三**『**戦後日本の思想**』〔中央公論社等。初版は一九五九年〕

なお、久野収、鶴見俊輔『**現代日本の思想——その五つの渦**』〔岩波新書、一九五六年〕も併せて参照するとよい。

N.D.C.327.2　310p　18cm
ISBN978-4-06-516724-3

講談社現代新書　2530
民《みん》事《じ》裁《さい》判《ばん》入《にゅう》門《もん》　裁《さい》判《ばん》官《かん》は何《なに》を見《み》ているのか
二〇一九年七月二〇日第一刷発行　二〇二五年二月五日第四刷発行
著　者　瀬《せ》木《ぎ》比《ひ》呂《ろ》志《し》

発行者　篠木和久
発行所　株式会社講談社
東京都文京区音羽二丁目一二—二一　郵便番号一一二—八〇〇一
電　話　〇三—五三九五—三五二一　編集（現代新書）
〇三—五三九五—五八一七　販売
〇三—五三九五—三六一五　業務
装幀者　中島英樹
印刷所　株式会社ＫＰＳプロダクツ
製本所　株式会社ＫＰＳプロダクツ
定価はカバーに表示してあります　Printed in Japan

「講談社現代新書」の刊行にあたって

教養は万人が身をもって養い創造すべきものであって、一部の専門家の占有物として、ただ一方的に人々の手もとに配布され伝達されうるものではありません。

しかし、不幸にしてわが国の現状では、教養の重要な養いとなるべき書物は、ほとんど講壇からの天下りや単なる解説に終始し、知識技術を真剣に希求する青少年・学生・一般民衆の根本的な疑問や興味は、けっして十分に答えられ、解きほぐされ、手引きされることがありません。万人の内奥から発した真正の教養への芽ばえが、こうして放置され、むなしく滅びさる運命にゆだねられているのです。

このことは、中・高校だけで教育をおわる人々の成長をはばんでいるだけでなく、大学に進んだり、インテリと目されたりする人々の精神力の健康さえもむしばみ、わが国の文化の実質をまことに脆弱なものにしています。単なる博識以上の根強い思索力・判断力、および確かな技術にささえられた教養を必要とする日本の将来にとって、これは真剣に憂慮されなければならない事態であるといわなければなりません。

わたしたちの「講談社現代新書」は、この事態の克服を意図して計画されたものです。これによってわたしたちは、講壇からの天下りでもなく、単なる解説書でもない、もっぱら万人の魂に生ずる初発的かつ根本的な問題をとらえ、掘り起こし、手引きし、しかも最新の知識への展望を万人に確立させる書物を、新しく世の中に送り出したいと念願しています。

わたしたちは、創業以来民衆を対象とする啓蒙の仕事に専心してきた講談社にとって、これこそもっともふさわしい課題であり、伝統ある出版社としての義務でもあると考えているのです。

一九六四年四月　野間省一

哲学・思想Ⅰ

哲学・思想Ⅱ

経済・ビジネス

世界の言語・文化・地理

958 英語の歴史――中尾俊夫
987 はじめての中国語――相原茂
1025 J・S・バッハ――礒山雅
1073 はじめてのドイツ語 福本義憲
1111 ヴェネツィア――陣内秀信
1183 はじめてのスペイン語 東谷穎人
1353 はじめてのラテン語 大西英文
1396 はじめてのイタリア語 郡史郎
1446 南イタリアへ!――陣内秀信
1701 はじめての言語学 黒田龍之助
1753 中国語はおもしろい 新井一二三
1949 見えないアメリカ――渡辺将人
2081 はじめてのポルトガル語 浜岡究
2086 英語と日本語のあいだ 菅原克也
2104 国際共通語としての英語 鳥飼玖美子
2107 野生哲学――管啓次郎 小池桂一
2158 一生モノの英文法――澤井康佑
2227 アメリカ・メディア・ウォーズ――大治朋子
2228 フランス文学と愛――野崎歓
2317 ふしぎなイギリス――笠原敏彦
2353 本物の英語力――鳥飼玖美子
2354 インド人の「力」――山下博司
2411 話すための英語力 鳥飼玖美子

世界史Ⅰ

834 ユダヤ人――上田和夫
930 フリーメイソン――吉村正和
934 大英帝国――長島伸一
968 ローマはなぜ滅んだか 弓削達
1017 ハプスブルク家――江村洋
1019 動物裁判――池上俊一
1076 デパートを発明した夫婦 鹿島茂
1080 ユダヤ人とドイツ――大澤武男
1088 ヨーロッパ「近代」の終焉――山本雅男
1097 オスマン帝国――鈴木董
1151 ハプスブルク家の女たち 江村洋
1249 ヒトラーとユダヤ人 大澤武男
1252 ロスチャイルド家 横山三四郎
1282 戦うハプスブルク家 菊池良生
1283 イギリス王室物語――小林章夫
1321 聖書vs.世界史――岡崎勝世
1442 メディチ家――森田義之
1470 中世シチリア王国――高山博
1486 エリザベスⅠ世――青木道彦
1572 ユダヤ人とローマ帝国 大澤武男
1587 傭兵の二千年史――菊池良生
1664 新書ヨーロッパ史 中世篇 堀越孝一 編
1673 神聖ローマ帝国――菊池良生
1687 世界史とヨーロッパ 岡崎勝世
1705 魔女とカルトのドイツ史――浜本隆志
1712 宗教改革の真実――永田諒一
2005 カペー朝――佐藤賢一
2070 イギリス近代史講義――川北稔
2096 モーツァルトを「造った」男――小宮正安
2281 ヴァロワ朝――佐藤賢一
2316 ナチスの財宝――篠田航一
2318 ヒトラーとナチ・ドイツ 石田勇治
2442 ハプスブルク帝国――岩﨑周一

心理・精神医学

331 異常の構造——木村敏
590 家族関係を考える——河合隼雄
725 リーダーシップの心理学——国分康孝
824 森田療法——岩井寛
1011 自己変革の心理学——伊藤順康
1020 アイデンティティの心理学 鑪幹八郎
1044 〈自己発見〉の心理学 国分康孝
1241 心のメッセージを聴く 池見陽
1289 軽症うつ病——笠原嘉
1348 自殺の心理学——高橋祥友
1372 〈むなしさ〉の心理学 諸富祥彦
1376 子どものトラウマ——西澤哲

1465 トランスパーソナル心理学入門——諸富祥彦
1787 人生に意味はあるか 諸富祥彦
1827 他人を見下す若者たち 速水敏彦
1922 発達障害の子どもたち——杉山登志郎
1962 親子という病——香山リカ
1984 いじめの構造——内藤朝雄
2008 関係する女 所有する男——斎藤環
2030 がんを生きる——佐々木常雄
2044 母親はなぜ生きづらいか——香山リカ
2062 人間関係のレッスン 向後善之
2076 子ども虐待——西澤哲
2085 言葉と脳と心——山鳥重
2105 はじめての認知療法——大野裕

2116 発達障害のいま——杉山登志郎
2119 動きが心をつくる——春木豊
2143 アサーション入門——平木典子
2180 パーソナリティ障害とは何か——牛島定信
2231 精神医療ダークサイド 佐藤光展
2344 ヒトの本性——川合伸幸
2347 信頼学の教室——中谷内一也
2349 「脳疲労」社会——徳永雄一郎
2385 はじめての森田療法 北西憲二
2415 新版 うつ病をなおす 野村総一郎
2444 怒りを鎮める うまく謝る 川合伸幸

知的生活のヒント